Ullr

Bogen-Ase und Schneeschuhgott
Baldurs Freund und Eid-Ring-Ase

Bücher von Harry Eilenstein:

- Astrologie (496 S.)
- Photo-Astrologie (64 S.)
- Tarot (104 S.)
- Handbuch für Zauberlehrlinge (408 S.)
- Physik und Magie (184 S.)
- Der Lebenskraftkörper (230 S.)
- Die Chakren (100 S.)
- Meditation (140 S.)
- Drachenfeuer (124 S.)
- Krafttiere – Tiergöttinnen – Tiertänze (112 S.)
- Schwitzhütten (524 S.)
- Totempfähle (440 S.)
- Muttergöttin und Schamanen (168 S.)
- Göbekli Tepe (472 S.)
- Hathor und Re:
    Band 1: Götter und Mythen im Alten Ägypten (432 S.)
    Band 2: Die altägyptische Religion – Ursprünge, Kult und Magie (396 S.)
- Isis (508 S.)
- Die Entwicklung der indogermanischen Religionen (700 S.)
- Wurzeln und Zweige der indogermanischen Religion (224 S.)
- Der Kessel von Gundestrup (220 S.)
- Cernunnos (690 S.)
- Christus (60 S.)
- Odin (300 S.)
- Die Götter der Germanen (Band 1 – 80)
- Dakini (80 S.)
- Kursus der praktischen Kabbala (150 S.)
- Eltern der Erde (450 S.)
- Blüten des Lebensbaumes:
    Band 1: Die Struktur des kabbalistischen Lebensbaumes (370 S.)
    Band 2: Der kabbalistische Lebensbaum als Forschungshilfsmittel (580 S.)
    Band 3: Der kabbalistische Lebensbaum als spirituelle Landkarte (520 S.)
- Über die Freude (100 S.)
- Das Geheimnis des inneren Friedens (252 S.)
- Von innerer Fülle zu äußerem Gedeihen (52 S.)
- Das Beziehungsmandala (52 S.)
- Die Symbolik der Krankheiten (76 S.)

Kontakt: www.HarryEilenstein.de / Harry.Eilenstein@web.de
Impressum: Copyright: 2011 by Harry Eilenstein – Alle Rechte, insbesondere auch das der Übersetzung, vorbehalten. Kein Teil des Buches darf ohne schriftliche Genehmigung des Autors und des Verlages (nicht als Fotokopie, Mikrofilm, auf elektronischen Datenträgern oder im Internet) reproduziert, übersetzt, gespeichert oder verbreitet werden.
Herstellung und Verlag: BoD - Books on Demand, Norderstedt
ISBN: 9783741277467

Die Themen der einzelnen Bände der Reihe „Die Götter der Germanen"

1. Die Entwicklung der germanischen Religion
2. Lexikon der germanischen Religion
3. Der ursprüngliche Göttervater Tyr
4. Tyr in der Unterwelt: der Schmied Wieland
5. Tyr in der Unterwelt: der Riesenkönig   Teil 1
6. Tyr in der Unterwelt: der Riesenkönig   Teil 2
7. Tyr in der Unterwelt: der Zwergenkönig
8. Der Himmelswächter Heimdall
9. Der Sommergott Baldur
10. Der Meeresgott: Ägir, Hler und Njörd
11. Der Eibengott Ullr
12. Die Zwillingsgötter Alcis
13. Der neue Göttervater Odin   Teil 1
14. Der neue Göttervater Odin   Teil 2
15. Der Fruchtbarkeitsgott Freyr
16. Der Chaos-Gott Loki
17. Der Donnergott Thor
18. Der Priestergott Hönir
19. Die Göttersöhne
20. Die unbekannteren Götter
21. Die Göttermutter Frigg
22. Die Liebesgöttin: Freya und Menglöd
23. Die Erdgöttinnen
24. Die Korngöttin Sif
25. Die Apfel-Göttin Idun
26. Die Hügelgrab-Jenseitsgöttin Hel
27. Die Meeres-Jenseitsgöttin Ran
28. Die unbekannteren Jenseitsgöttinnen
29. Die unbekannteren Göttinnen
30. Die Nornen
31. Die Walküren
32. Die Zwerge
33. Der Urriese Ymir
34. Die Riesen
35. Die Riesinnen
36. Mythologische Wesen
37. Mythologische Priester und Priesterinnen
38. Sigurd/Siegfried
39. Helden und Göttersöhne
40. Die Symbolik der Vögel und Insekten
41. Die Symbolik der Schlangen, Drachen und Ungeheuer
42. Die Symbolik der Herdentiere
43. Die Symbolik der Raubtiere
44. Die Symbolik der Wassertiere und sonstigen Tiere
45. Die Symbolik der Pflanzen
46. Die Symbolik der Farben
47. Die Symbolik der Zahlen
48. Die Symbolik von Sonne, Mond und Sternen
49. Das Jenseits
50. Seelenvogel, Utiseta und Einweihung
51. Wiederzeugung und Wiedergeburt
52. Elemente der Kosmologie
53. Der Weltenbaum
54. Die Symbolik der Himmelsrichtungen und der Jahreszeiten
55. Mythologische Motive
56. Der Tempel
57. Die Einrichtung des Tempels
58. Priesterin – Seherin – Zauberin – Hexe
59. Priester – Seher – Zauberer
60. Rituelle Kleidung und Schmuck
61. Skalden und Skaldinnen
62. Kriegerinnen und Ekstase-Krieger
63. Die Symbolik der Körperteile
64. Magie und Ritual
65. Gestaltwandlungen
66. Magische Waffen
67. Magische Werkzeuge und Gegenstände
68. Zaubersprüche
69. Göttermet
70. Zaubertränke
71. Träume, Omen und Orakel
72. Runen
73. Sozial-religiöse Rituale
74. Weisheiten und Sprichworte
75. Kenningar
76. Rätsel
77. Die vollständige Edda des Snorri Sturluson
78. Frühe Skaldenlieder
79. Mythologische Sagas
80. Hymnen an die germanischen Götter

Inhaltsverzeichnis

I	**Die germanische Ullr-Überlieferung**	**6**

    1. Runenstein von Böksta   6
    2. Gylfis Vision (1)   6
    3. Haustlöng   7
    4. Skaldskaparmal (1)   8
    5. Grimnir-Lied (1)   8

    6. Wegtam-Lied (1)   9
    7. Skaldskaparmal (2)   10
    8. Wegtam-Lied (2)   11
    9. Lokasenna   11
    10. Harbard-Lied   13

    11. Skaldskaparmal (3)   14
    12. Skaldskaparmal (4)   19
    13. Fjölswin-Lied   19
    14. Grimnir-Lied (2)   19
    15. Skaldskaparmal (5)   21

    16. Gesta danorum   24
    17. Gylfis Vision (2)   35
    18. Wegtam-Lied (3)   36
    19. Die Vision der Seherin   36
    20. Gylfis Vision (3)   37

    21. Atli-Lied   38
    22. Sonnenlied   38
    23. Wieland-Lied   40
    24. Der Tempel des Ullr   41
    25. Die Ringe des Ullr   43

    26. Eine Ullr-Widmung auf einer Schwertscheide   52
    27. Die Eiben-Rune „Yr"   54
    28. Ullr-Kenningar   55

II	**Brakteaten**	**62**
III	**Die Goldhörner von Gallehus**	**64**
IV	**Der Runenstein von Böksta**	**68**
V	**Ullr in dem Fürstengrab von Kivik**	**72**

VI	Ullr und der Sonnenwagen von Trundholm	73
VII	Ullr in den germanischen Steinritzungen	74
VIII	Der Name „Ullr"	75
IX	Ortsnamen mit „Ullr"	87
X	Personennamen	91
XI	Zusammenfassung	91
XII	Ullr bei den Indogermanen	93
XIII	Die Biographie des Gottes Ullr	97
XIV	Das Aussehen des Ullr	111
XV	Der Weg zu Ullr	113
XVI	Hymnen an Ullr	115
	1. Verse an den Schneeschuhgott	115
	2. Bitte um Hilfe an den Schildgott	116
	3. Die rituelle Hirschjagd	118
	4. Baldur und Ullr	120
	5. Julnacht in Ydalir	123
XVII	Traumreise zu Ullr	136
XVIII	Ullr heute	138
	Themenverzeichnis	139

I Die germanische Ullr-Überlieferung

Um ca. 1.200 n.Chr. wurden die germanischen Mythen in Island u.a. durch Snorri Sturluson in der „Edda" („Sammlung") und in Dänemark durch Saxo grammaticus in der „Gesta Danorum" („Geschichte der Dänen") niedergeschrieben. Eine weitere wichtige Quelle für die heutigen Kenntnisse über den germanischen Gott Ullr sind die Runensteine, die von den Germanen zwischen 350 n.Chr. und 1050 n.Chr. errichtet worden sind, sowie einige andere archäologische Funde.

I 1. Runenstein von Böksta

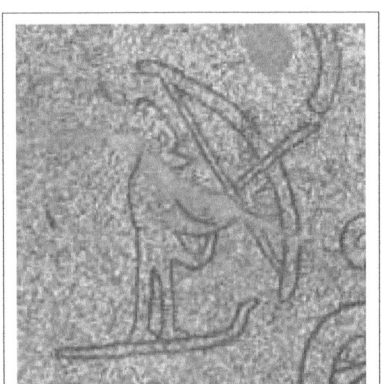

Ullr auf dem Runenstein von Böksta, Schweden, 1150 n.Chr.

Auf diesem schwedischen Runenstein findet sich eine der wenigen Abbildungen einer germanischen Gottheit, die von den Germanen selber stammt.

Ullr steht auf Skiern, hält in seinen Händen schußbereit Pfeil und Bogen und hat offenbar einen längeren Bart. Aus der Höhe des Kopfes kann man schließen, daß er zudem einen Helm oder eine Mütze trägt.

I 2. Gylfis Vision (1)

In der Edda findet sich in „Gylfis Vision" die vollständigste Beschreibung des Ullr:

„*Uller heißt ein Ase, Sohn der Sif und Thors Stiefsohn. Er ist ein so guter Bogenschütze und Schneeschuhläufer, daß niemand sich mit ihm messen kann. Er ist schön von Angesicht und kriegerisch von Gestalt. Bei Zweikämpfen soll man ihn anrufen.*"

Ullr ist dieser Beschreibung zufolge der Sohn der Göttin Sif aus einer früheren Verbindung, als sie noch nicht die Frau des Donnergottes Thor gewesen ist. Thor hat diesen Sohn dann offenbar adoptiert.

Thor wird auch in drei isländischen Gedichten, die um ca. 1000 n.Chr. verfaßt worden sind, als „Stiefvater des Ullr" erwähnt: in der „Thorsdrapa", im „Haustlöng" und in den drei erhalten Strophen eines Liedes von Eysteinn Valdason.

Interessanterweise wird Ullr in „Gylfis Vision" *„schön von Angesicht"* genannt, was sonst eher eine Beschreibung des Baldur ist.

Als Schneeschuhläufer bzw. Skifahrer wird er vermutlich ein Wintergott sein. Möglicherweise kennzeichnet ihn sein Bogen als einen Jäger in der Wildnis. Wenn dies zutreffen sollte, wären mit Ullr bereits zwei der wichtigsten Analogien zu dem Jenseits verbunden: der Winter und die Wildnis. Beides wurde wie die Unterwelt als das Fremde aufgefaßt.

Ullrs *„kriegerische Gestalt"* und sein Anrufen vor Zweikämpfen lassen vermuten, daß es in der Mythe von Ullr einen wichtigen Zweikampf gegeben hat, der das mythische Urbild für diesen Brauch gewesen ist.

I 3. Haustlöng

Das „Haustlöng-Lied" wurde um 950 n.Chr. von dem Barden Tjodolfr von Hvinir verfaßt. Sein Titel bedeutet „Herbst-lang". In ihm werden der Raub der Idun und das Töten des Hrungnir beschrieben.

In den Versen dieses Liedes wird Thor als „Ullrs Stiefvater" umschrieben. Dieses Verwandtschaftsverhältnis zwischen den beiden Gottheiten muß zu der Zeit der Niederschrift der Edda um 1220 n.Chr. schon deutlich älter als 300 Jahre gewesen sein, da Tjodolfr es sonst nicht schon um 950 n.Chr. als Kenning, also als Umschreibung für den Gott Thor hätte benutzen können. Als Kenning eignen sich nur Bilder, die allen Zuhören der Skalden (Dichter) gut bekannt waren – was daher für das Stiefvater-Verhältnis des Thor zu dem Gott Ullr um 950 n.Chr. zugetroffen haben muß.

Das ganze Heiligtum der Falken (Himmel)
stand wegen Ullrs Stiefvater (Thor) *in Flammen* (Blitze)
und die Erde unten war von Hagel zerschlagen,
als die Ziegen die Tempel-Macht des schnellen Streitwagens (Thor)
vorwärts zu der Begegnung (Kampf) *mit Hrungnir* (Tyr) *zogen.*

Hier wird einer der vielen Kämpfe des Donnergottes Thor gegen den Tyr-Riesen geschildert: Diese Mythe illustriert die Absetzung des ehemaligen Sonnengott-Göttervaters Tyr durch Thor und Odin um 500 n.Chr.

I 4. Skaldskaparmal (1)

In der Skaldskaparmal („Lehrbuch der Skaldenkunst") der Edda werden einige Kenningar (Umschreibungen) für den Gott Ullr aufgeführt:

„Wie soll man Ullr umschreiben? Indem man ihn Sohn der Sif, Stiefsohn des Thor, Gott der Schneeschuhe, Gott des Bogens, Jagdgott und Gott des Schildes nennt."

Die Kenningar „Jagdgott" bestätigt, daß er als (winterlicher) Jäger aufgefaßt worden ist.

Als neues Kennzeichen tritt lediglich sein Schild auf. Eigentlich ist diese Kenningar merkwürdig, da alle germanischen Krieger Schilde zu ihrer Verteidigung trugen und es daher wenig Sinn macht, einen Gott als „Schildgott" zu bezeichnen – schließlich unterscheidet ihn dies nicht von den anderen Göttern. Mit Ullrs Schild muß demnach ein besonderer Schild gemeint gewesen sein, der mit ihm eng verbunden gewesen ist. Der einzige besondere Schild ist die Sonnenscheibe, die z.B. auf dem Sonnenwagen von Trundholm dargestellt worden ist.

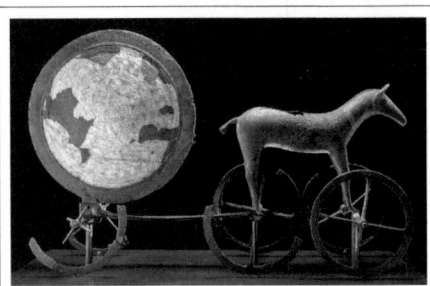

Sonnenwagen von Trundholm Dänemark, 1400 v.Chr.

In der Edda wird lediglich zweimal ein besonderer Schild bzw. ein Schild an einer besonderen Stelle erwähnt:

Der eine dieser Schilde steht vor der Sonne und verhindert, daß die Hitze der Sonne die Erde verbrennt. Dieser Sonnenschild wird der Sonnenscheibe auf dem Sonnenwagen von Trundholm entsprechen.

Der andere Schild liegt auf dem Kelch mit dem Met, der für Baldur in der Unterwelt bereitsteht.

I 5. Grimnir-Lied (1)

Im Grimnir-Lied wird der Schild beschrieben, der vor der Sonne steht. Falls Ullr wegen diesem Schild „Schildgott" genannt wurde, müßte er ursprünglich einmal ein Sonnengott gewesen sein. Der mit ihm assoziierte Zweikampf könnte dann mit dem abendlichen bzw. Eintritt der Sonne in die Unterwelt zu tun gehabt haben, der in den Mythen vor 500 n.Chr. ein Kampf zwischen Tyr und Loki gewesen ist.

*Arwak und Alswid sollen immerdar
Schmachtend die Sonne führen.
Unter ihre Bugen bargen milde Mächte,
Die Asen, Eisenkühle.*

*Swalin heißt der Schild, der vor der Sonne steht,
vor der glänzenden Gottheit.
Brandung und Berge würden verbrennen,
wenn er von seiner Stelle sinken würde.*

„Swalin" bedeutet „der Kühle"; er ist identisch mit dem Schild „Eisenkühle". Arwak und Alswid sind die beiden Pferde vor dem Sonnenwagen – die „Alcis" genannten Zwillings-Söhne des Tyr.

I 6. Wegtam-Lied (1)

Der zweite „besondere Schild" wird im Wegtam-Lied beiläufig erwähnt:

*Wala:
Hier steht dem Baldur der Becher eingeschenkt,
Der schimmernde Trank, vom Schild bedeckt.
Die Asen alle sind ohne Hoffnung.
Genötigt sprach ich, nun will ich schweigen.*

    Es fragt sich, warum dieser Kelch von einem Schild bedeckt ist. Die Größe eines Schildes läßt zudem vermuten, daß der „Kelch" eigentlich ein Kessel voll Met ist, wie er in der Edda mehrfach zum Metbrauen beschrieben wird.
    Falls dies der Schild ist, auf den die Kenning „Schildgott" für Ullr anspielt, müßte Ullr ein Gott des Jenseits sein, der in irgendeiner Weise über den Göttermet wacht, ihn besitzt, zubereitet o.ä. Ullrs Schild scheint das zu sein, was den Met in dem Kelch schützt, verbirgt, bewacht oder vielleicht auch segnet.
    Diese Szenerie paßt zunächst einmal zu der Vermutung, daß Ullr ein Gott des Jenseits ist. Falls sein Schild die Sonne darstellen sollte, wäre der Schild auf dem Kelch ein Hinweis darauf, daß der Göttermet mit der Sonne assoziiert worden ist. Ullr wäre dann möglicherweise der Sonnengott in der Unterwelt.
    Der eigentliche Sonnengott-Göttervater der Germanen ist der Gott Tyr gewesen. Ullr könnte daher mit dem Gott Tyr in der nächtlichen bzw. winterlichen Unterwelt identisch sein.

Falls diese Deutung zutrifft, wäre der „Sonnenschild" auf dem Met-Kelch vermutlich ein Segnen des Mets, der dadurch kein normaler Met mehr ist, sondern der Göttermet, der die Wiedergeburt bzw. die Unsterblichkeit im Jenseits verleiht.

Das Motiv des Schildes auf dem Met-Kelch in der Halle der Unterweltsgöttin klingt nach einer Szene aus dem Bestattungsritual, in dem dann der Met in dem Kelch bzw. Kessel, bevor er getrunken wurde, mit einem Schild bedeckt gewesen sein müßte. Falls es sich bei diesem Schild um den Sonnenschild gehandelt haben sollte, hätte dieser Schild dem Met wohl einen Segen gegeben, wodurch dieser Met dann zum „Met des Ullr/Tyr", also sozusagen zu „Sonnen-Met" geworden wäre.

Die Qualität dieses Segens ließe sich dann in etwa mit den folgenden Worten beschreiben: „Möge der, der diesen Met trinkt, (im Jenseits) wie die Sonne wiedergeboren werden."

Dieses Segnen des Mets durch den Sonnenschild wäre dann eine genaue Entsprechung zu den Verwandlungsworten aus der christlichen Eucharistie, durch die der Wein in Christi Blut verwandelt wird: „Hunc est corpus ...".

I 7. Skaldskaparmal (2)

Im Skaldenkunst-Lied der Edda wird an einer Stelle eine Kenning für den Bogen als Waffe und Jagdgerät zitiert:

(Der Bogen wird wie folgt genannt:)
„Esche des Ullr", z.B. in diesen Versen:

Die Schnee-Böen von Ullrs Eschen-Schiff
flogen grimmig über unseren Fürsten
in Fülle dorthin, wo die Furchtsamen flohen
und Dornstäbe sie bedeckten.

In dieser Strophe erscheint Ullr noch einmal deutlich als Bogen- und Wintergott, da die Pfeile seines Bogens („Eschen-Schiff") als „Schnee-Böen" und als „Dornstäbe" bezeichnet werden.

I 8. Wegtam-Lied (2)

In diesem Lied aus der Edda wird Baldur *„Ullrs Freund"* genannt. Diese Umschreibung ist auffällig, da ansonsten in der Edda nur sehr selten die Rede von Freundschaften zwischen Göttern ist. Es muß demnach eine tiefere mythologische Verbindung zwischen Baldur und Ullr geben, die vielleicht auch erklärt, warum Ullr wie Baldur *„schön von Angesicht"* war – was keineswegs eine typische Beschreibung der germanischen Götter gewesen ist.

Da der blinde Gott Hödur Baldurs Zwillingsbruder ist, liegt der Verdacht nahe, daß es eine Entsprechung zwischen Ullr und Hödur geben könnte. Dazu paßt auch gut, daß Hödurs Blindheit ein Symbol für seine Zugehörigkeit zum Jenseits ist.

Somit zeigt sich eine erste Möglichkeit, Ullr in die germanische Götterwelt einzuordnen:

Ullr der Winter- und Jenseitsgott	
Sommer	Winter
Diesseits	Jenseits
Heim	Fremde
sehend	blind
Baldur	*Baldurs Zwillingsbruder Hödur*
Baldur	*Baldurs Freund Ullr*

I 9. Lokasenna

In der Lokasenna berichtet Loki, daß Sif dem Thor untreu gewesen ist und mit Loki das Bett geteilt hat. Da Ullr als Stiefsohn der Sif dargestellt wird, liegt es nahe, Ullr als den Sohn der Sif und des Loki aufzufassen. Dies ist interessant, da auch Loki ein Gott der Unterwelt ist.

Da trat Sif vor und schenkte dem Loki Met in den Eiskelch und sprach:

„Heil Dir, Loki, den Eiskelch reiche ich Dir
Firnen Metes voll,

*Daß Du mich eine doch von den Asenkindern
Ungelästert lassest."*

Jener nahm den Kelch, trank und sprach:

*„Du einzig bliebest verschont, wärest Du immer keusch
Und dem Gatten ergeben gewesen.
Einen weiß ich und weiß ihn gewiß,
Der auch den Hlorridi zum Hahnrei machte."
(Und das war der listige Loki.)*

„Firn" ist zu Eis gefrorener Schnee aus dem letzten Jahr – hier ist *„firn"* eine Bezeichnung für „kalt, gekühlt".

„Hlorridi" ist ein Name des Gottes Thor.

Ein „Hahnrei" ist eine altertümliche Bezeichnung für einen Mann, dessen Frau fremdgegangen ist.

Odin und Loki werden in der Edda als Blutsbrüder beschrieben und ihre Söhne Baldur und Ullr als Freunde. Das läßt vermuten, daß Baldur und Ullr zwei Aspekte von Odin und Loki darstellen: Sie könnten entweder je eine wichtige Eigenschaft ihrer Väter oder ihre wiedergeborenen Väter verkörpern. Da Odin während der Völkerwanderungszeit die Stellung des Göttervaters von Tyr übernommen hat, könnten die Freunde Baldur und Ullr auch auf das Götterpaar Tyr und Loki zurückgehen.

In den germanischen Mythen vor der Völkerwanderungszeit ist der listige Ränkeschmied und Unterweltsgott Loki der Verursacher des Todes des Sonnengottes-Göttervaters Tyr am Abend und im Winter gewesen sein. Tyr ist damals der Sommer gewesen und Loki der Winter.

Dazu paßt, daß Tyr wie Thor von Loki vorgehalten bekommt, daß seine Frau von Loki ein Kind bekam. Dies Motiv ist dadurch entstanden, daß der Sommergott Tyr im Frühjahr von der Göttin wiedergeboren wurde und der Wintergott Loki im Herbst von der Göttin wiedergeboren wurde. Tyr und Loki streiten sich daher um die Göttin (Freya-Sif).

*Tyr:
„Freyr ist der beste von allen, die Bifröst
Trägt zu der hohen Halle:
Keine Maid betrübt er, keines Mannes Weib,
Einen jeden nimmt er aus Nöten."*

Loki:
„Schweig Du, Tyr! Du taugst zum Kampfe nicht
Zu gleicher Zeit mit zweien.
Deine rechte Hand ist Dir geraubt,
Fenris fraß sie, der Wolf."

Tyr:
„Der Hand muß ich darben; so darbst Du Fenris.
Eins ist schlimm wie das andre;
Auch der Wolf ist freudenlos: gefesselt erwartet er
Der Asen Untergang."

Loki:
„Schweig Du, Tyr! Deinem Weibe geschah's,
Daß sie von mir ein Kind bekam.
Nicht Pfenningsbuße empfingst Du für die Schmach:
Habe Dir das, Du Hahnrei!"

„*Bifröst*" ist die Regenbogenbrücke, die nach Asgard führt. „*Pfennigsbuße*" ist eine Entschädigungszahlung für das Fremdgehen.

Es scheint diesen Motiven zufolge einmal eine Mythe gegeben zu haben, in der Loki dem Tyr/Thor die Frau ausgespannt hat und mit ihr ein Kind zeugte. Wenn Thor nach der Absetzung des Tyr als Göttervater von diesem das Hahnrei-Motiv übernommen haben sollte, wären der Stiefsohn des Thor und der Stiefsohn des Tyr miteinander identisch: Sie wären beide der Gott Ullr.

Diese Szenerie wird vermutlich ein Teil der Vorstellungen über das Schicksal des Sonnengottes gewesen sein, da Tyr bis 500 n.Chr. der zyklisch sterbende und wiedergeborene Sonnengott-Göttervater gewesen ist.

I 10. Harbard-Lied

Das „Fremdgehen" der Göttin Sif wird auch im Harbard-Lied berichtet. „Harbard" („Graubart") ist einer der vielen Decknamen des Odin. Der uneheliche Sohn der Göttin Sif ist damals bei den Germanen offensichtlich ein allgemein geläufiges Motiv gewesen.

Thor:
„Deine Wortklugheit kommt Dir noch übel,
Wenn ich durchs Wasser wate.
Lauter als ein Wolf wirst Du aufschrein,
Wenn ich Dich mit dem Hammer haue."

Harbard:
„Sif hat einen Buhlen, Du wirst ihn bei ihr finden:
Der erfahre Deine Kraft, das frommt Dir mehr."

Thor:
„Du redest nach Deines Mundes Rat, nur recht mich zu kränken.
Verworf'ner Wicht! Ich weiß, daß Du lügst."

Harbard:
„Und ich sage, so ist's! Säumig betreibst Du die Fahrt.
Schon wärst Du weit, Thor, wenn Du verwandelt fuhrst."

Thor kommt in diesem Lied von einer Fahrt zu den Riesen zurück. Diese Gelegenheit scheint Loki, der ständige Widersacher des Thor, genutzt zu haben, um Thors Frau Sif zu verführen.

I 11. Skaldskaparmal (3)

Da das Fremdgehen von Thors Frau Sif mit Loki anscheinend eine wichtige Szene in den damaligen Mythen gewesen ist, lohnt es sich, das Verhältnis zwischen Loki und Thor sowie das zwischen Sif und Loki näher zu betrachten.

Aus vielen Liedern der Edda ist bekannt, daß Thor einerseits des öfteren zusammen mit Loki in die Fremde zog und daß andererseits Thor oft mit Loki im Streit lag. Thor war zudem der einzige, der durch seine Kraft Loki zum Schweigen bringen konnte. In diesen Szenen ist Loki das listige Chaos und Thor derjenige, der in cholerischer Weise die Ordnung wiederherstellt. Zwischen ihnen könnte ein ähnliches Verhältnis bestehen wie zwischen Odin und Loki, Baldur und Hödur sowie evtl. auch zwischen Baldur und Ullr.

In dem Skaldenkunst-Lied wird eine wichtige Begebenheit aus dem Verhältnis zwischen Loki und Sif beschrieben:

Loki, Laufeyjas Sohn, hatte der Sif in hinterlistiger Weise alles Haar abgeschoren. Als Thor das gewahrte, ergriff er Loki und würde ihm alle Knochen zerschlagen haben, wenn er nicht geschworen hätte, von den Schwarzelfen zu erlangen, daß er der Sif Haare von Gold machte, die wie anderes Haar wachsen sollten. Darauf fuhr Loki zu den Zwergen, die Iwaldis Söhne heißen. Diese machten das Haar und zugleich Skidbladnir und den Spieß Odins, der Gungnir heißt.

Da verwettete Loki sein Haupt mit dem Zwerge, der Brock heißt, daß dessen Bruder Sindri nicht drei ebenso gute Kleinode machen könnte, wie diese wären. Und als sie zu der Schmiede kamen, legte Sindri eine Schweinshaut in die Esse und gebot dem Brock zu blasen und nicht eher aufzuhören, bis er aus der Esse nähme, was er hineingelegt hatte. Aber sobald Sindri aus der Schmiede gegangen war und Brock blies, setzte sich eine Fliege auf seine Hand und stach ihn. Dennoch hörte er nicht auf mit Blasen bis der Schmied das Werk aus der Esse nahm. Da war es ein Eber mit goldenen Borsten.

Darauf legte er Gold ins Feuer und gebot ihm, zu blasen und nicht eher mit Blasen abzulassen, bis er zurückkäme. Er ging hinaus; aber die Fliege kam wieder, setzte sich jenem auf den Hals und stach nun noch einmal so stark; doch fuhr er fort zu blasen bis der Schmied aus der Esse einen Goldring zog, der Draupnir heißt.

Darauf legte er Eisen in die Esse und hieß ihn blasen und sagte, alles sei vergebens, wenn er mit Blasen innehielte. Da setzte sich ihm eine Fliege zwischen die Augen und stach ihm in die Augenlider, und als das Blut ihm in die Augen troff, daß er nichts mehr sah, griff er schnell mit der Hand zu, während der Blasbalg ruhte, und jagte die Fliege fort. Da kam der Schmied zurück und sagte, beinahe wäre das nun völlig verdorben, was in der Esse läge. Darauf zog er einen Hammer aus der Esse.

Alle diese Kleinode legte er darauf seinem Bruder Brock in die Hände und hieß ihn damit gen Asgard fahren, die Wette zu lösen. Als nun er und Loki ihre Kleinode brachten, setzten sich die Götter auf ihre Richterstühle, und es sollte das Urteil gelten, das Odin, Thor und Freyr sprächen.

Da gab Loki dem Odin den Spieß Gungnir, dem Thor das Haar für die Sif und dem Freyr den Skidbladnir und nannte die Eigenschaften dieser Kleinode, daß der Spieß nie sein Ziel verfehle, das Haar wachse, sobald es auf Sifs Haupt komme, und Skidbladnir immer Fahrwind habe, sobald die Segel aufgezogen würden, wohin man auch fahren wollte; und zugleich könne man das Schiff nach Belieben zusammenfalten wie ein Tuch und in der Tasche tragen.

Darauf brachte Brock seine Kleinode hervor und gab dem Odin den Ring und sagte, in jeder neunten Nacht würden acht ebenso kostbare Ringe von ihm niederträufeln.

Dem Freyr gab er den Eber und sagte, er renne durch Luft und Wasser Tag und Nacht, schneller als irgendein Pferd, und nie wäre es so finster in der Nacht oder im Dunkelwald, daß es nicht hell genug würde, wohin er auch führe, so leuchteten seine

Borsten.

Dem Thor gab er den Hammer und sagte, er möge so stark damit schlagen, als er wolle, was ihm auch vorkäme, ohne daß der Hammer Schaden nähme; und wohin er ihn auch werfe, so solle er ihn doch nicht verlieren, und nie solle er so weit fliegen, daß er nicht in seine Hand zurückkehre, und wenn es ihm beliebe, solle er so klein werden, daß er ihn im Busen verbergen könne. Er habe nur den Fehler, daß sein Stiel zu kurz geraten sei.

Da urteilten die Götter, der Hammer sei das Beste von allen Kleinoden und die beste Wehr wider die Hrimthursen, und sie entschieden die Wette dahin, daß der Zwerg gewonnen habe.

Da erbot sich Loki, sein Haupt zu lösen; aber der Zwerg antwortete, darauf dürfe er nicht hoffen. So nimm mich denn, sagte Loki; aber als jener ihn fassen wollte, war er schon weit fort, denn Loki hatte Schuhe, die ihn durch Luft und Wasser trugen.

Da bat der Zwerg den Thor, ihn zu ergreifen, und dieser tat es. Da wollte der Zwerg Lokis Haupt abhauen, aber Loki sagte, nur das Haupt sei sein, nicht der Hals. Da nahm der Zwerg einen Riemen und ein Messer und wollte Löcher in Lokis Lippen schneiden und ihm den Mund zusammennähen; aber das Messer schnitt nicht. Da sagte er, besser wäre es, wenn er seines Bruders Ahle hätte, und in dem Augenblick, als er sie nannte, war sie bei ihm und durchbohrte jenem die Lippen. Da nähte er ihm den Mund zusammen und riß den Riemen am Ende der Naht ab. Der Riemen, womit er dem Loki den Mund zusammennähte, hieß Wartari (Lippenreißer).

In dieser Mythe wird beschrieben, wie Loki der Göttin Sif das goldene Haar abgeschnitten hat. Zunächst einmal ist dafür kein Grund ersichtlich – zumal sie zumindestens einmal seine Geliebte gewesen ist.

Die Haare waren zwar verloren, aber von den Zwergen konnten neue Haare erschaffen werden, die auf Sifs Kopf wuchsen. Diese Szenerie läßt vermuten, daß Sifs goldene Haare ein Bild für das Getreide sind, das im Herbst gemäht wird und im Frühling wieder wächst. Loki wäre dann der „Schnitter". Lokis Vereinigung mit Sif könnte dann aus der Vorstellung stammen, daß der Wiedergeburt der Sonne, des Getreides und der Toten eine Wiederzeugung vorausgeht. Ullr müßte dann als Sohn der Sif eigentlich das keimende Getreide sein, aber er ist deutlich ein Gott des Winters.

Zusätzlich zu dem goldenen Haar der Sif fertigten die Zwerge sechs Kleinode für die Asen an. Die meisten von ihnen scheinen mit der Unterwelt zu tun haben, in der die Zwerge wohnen.

Jeder der beiden Zwerge fertigte einen Gegenstand für einen der drei Asen an, die auch die Richter der Wette zwischen Loki und Brock waren.

Sifs goldene Haare müssen also genauso wichtig gewesen sein wie die übrigen fünf magischen Gegenstände.

Die magischen Gegenstände der beiden Zwerge			
für wen:		**von wem:**	
		Brock	*Sindri*
Odin		Gungnir	Draupnir
Freyr		Skidbladnir	Gullinborsti
Thor und Sif	Thor		Mjöllnir
	Sif	goldenes Haar	

Das **goldene Haar der Sif** ist das Getreide, daß nach der Ernte „tot" und somit in der Unterwelt ist.

Das **Schiff Skidbladnir** des Freyr geht vermutlich auf das „utiseta" („Draußensitzen") zurück, mit dem man damals Kontakt zu den Ahnen aufnahm. Dazu legte man ein Rinderfell auf einen Kreuzweg, setzte sich darauf und rief die Ahnen herbei, um von ihnen Rat und Hilfe zu erhalten. Das Fell entspricht dem Fell des Stieres, Hengstes oder Ziegenbocks, den man auch bei einer Bestattung opferte, um die Zeugungskraft des Toten zu sichern, die er für seine Wiedergeburt brauchte. Solch ein „Totenbeschwörungs-Fell" war ein „Jenseitsreise-Schiff", das man man wie Skidbladnir zusammenfalten konnte. Solche Felle waren z.B. auch bei den keltischen Druiden allgemein üblich.

Aus diesen Totenbeschwörungs-Fellen wurden im Mittelalter die Schutzkreise, in die man sich bei der Beschwörung eines Toten oder eines Dämons stellte.

Die (Indo-)Germanen nahmen oft auch mithilfe des Totenschädels eines Verstorbenen Kontakt zu dem betreffenden Ahnen auf. Dies ist aus der Edda z.B. von Odin bekannt, der mit dem abgeschlagenen Haupt des Mimir spricht und von diesem viele Geheimnisse erfährt. Möglicherweise hat das Abschlagen des Kopfes des Loki und das Zunähen seines Mundes etwas mit diesen Schädeln als Kontaktmittel zu den Verstorbenen zu tun.

Gungnir ist vor allem eine Waffe und nur sehr indirekt mit dem Jenseits verbunden, da sie tötet.

Gullinborsti ist der Reit-Eber des Freyr. Seine leuchtenden goldenen Borsten lassen vermuten, daß der Eber das Tier ist, daß für die Sonne geopfert wurde, damit diese nach der Nacht bzw. nach dem Winter wiedergeboren werden konnte. Aus dieser Vorstellung wurde dann der goldene „Sonneneber". Dazu paßt, daß dieser Eber fliegen konnte. Im Sonnenlied in der Edda tritt auch ein „Sonnenhirsch" auf, der wohl dieselbe Funktion hat.

Der „Dunkelwald" oder „Düsterwald" („Myrkwid"), durch den Freyr auf dem leuchtenden Gullinborsti mühelos reiten kann, ist ein Symbol der Grenze zwischen Diesseits und Jenseits. Ihn müssen z.B. auch die Walküren durchqueren, wenn sie vom Jenseits ins Diesseits kommen wollen (Wieland-Lied).

Von dem **Ring Draupnir** tropfen jede neunte Nacht acht identische Ringe ab. Die „9" ist die Zahl des Jenseits. In den germanischen Mythen ist der goldene Ring ein Symbol der Sonne und der erfolgreichen Wiedergeburt. Er entspricht dem keltischen Torque.

Thors **Hammer Mjöllnir** ist nicht nur eine Waffe, sondern auch ein Symbol des Penis, wie der u.a. in der Lieder-Edda in „Des Hammers Heimholung" berichtete Brauch, diesen Hammer bei der Hochzeit der Braut in den Schoß zu legen, zeigt. Es wäre denkbar, daß dieser Hammer auch ein Symbol der Wiederzeugung gewesen ist. Dazu paßt, daß Thors geschlachtete und verspeiste Ziegen nach einem Segen durch seinen Hammer wieder lebendig werden.

Es gibt in den Isländer-Sagas die Beschreibung eines weiteren Kleinodes, das aus der Unterwelt stammt: **Tyrs Schwert**. Dieses Schwert („Tyrfing") und viele der anderen magischen Schwerter aus den Isländersagas wurden entweder von zwei Zwergen gefertigt, kamen aus einem Hügelgrab oder aus wurden aus einem See emporgeholt.

Das goldene Haar der Sif sollte dieser recht einheitlichen Symbolik zufolge auch etwas sein, das aus der Unterwelt kommt – was für das Getreide insofern zutrifft, als daß es bei der Ernte „stirbt" und beim Keimen „wiedergeboren" wird.

Thor, Odin und Freyr sind die drei Götter, die in dem schwedischen Haupttempel in Uppsala verehrt worden sind.

Die Herstellung der sechs magischen Gegenstände der Asen ist recht sicher der Wiederherstellung des Schwertes des Tyr nachgebildet, nachdem dieser um 500 n.Chr. durch Thor und Odin als Göttervater abgesetzt worden ist. Möglicherweise wurde die Mythe über Brock und Sindri, die auf die beiden Alcis-Söhne des Tyr zurückgehen, von den Priestern von Uppsala entworfen.

Für Ullr ergibt sich aus dieser Betrachtung, daß er der Sohn einer Korngöttin ist und daß er vermutlich eine Verbindung zur Jenseitsreise hat, da er als Sohn der Sif in Analogie zu dem Getreide steht, daß auch „aus der Göttin Sif hervorkommt".

I 12. Skaldskaparmal (4)

In diesen Anleitungen für angehende Skalden findet sich ein Beiname der Sif, der zeigt, daß auch Thor fremdgegangen ist: *„Rivalin der Jarnsaxa"*. Diese Riesin hatte zusammen mit Thor den Sohn Magni („Stärke"). Da die Göttin Sif und die Riesin Jarnsaxa („Eisenmesser") als Rivalinnen bezeichnet werden, könnten beide identisch sein. Da in der Skaldskaparmal der Name „Sif" auch als Umschreibung für „Erde" empfohlen wird, ist es recht sicher, daß Sif eine Erd- und Getreidegöttin war.

I 13. Fjölswin-Lied

Möglicherweise ist die Göttin Menglöd aus dem Fjölswin-Lied, deren Name „Halsreif-Frohe" bedeutet und ein Beiname der Freya ist, auch mit der Göttin Sif assoziiert worden, da Sif die Getreidegötin gewesen ist und der Name „Menglöd" zu der Bezeichnung des winterfesten Blattgemüses „Mangold" geworden ist. Eine spätere Variante dieses Motivs findet sich in dem Märchen „Rapunzel", da Rapunzel in einem abgeschiedenen Turm (Unterwelt) bei einer weisen Frau (Hel) lebt und der Name „Rapunzel" den winterfesten Feldsalat bezeichnet.
   Es ist somit recht sicher, daß Ullr der Sohn der Erd- und Pflanzengöttin Sif-Menglöd-Rapunzel ist.
   Das goldene Haar der Sif, der Name „Menglöd", der sich auf Freyas goldenen Halsreif bezieht (Goldreif = Sonne = Wiedergeburt), der goldene Ring Draupnir und der goldene Eber des Freyr lassen vermuten, daß diese Erdgöttin auch die Mutter der Sonne war.
   Wenn Ullr wirklich einmal der Winter- und Nachtaspekt des Sonnengottes-Göttervaters Tyr gewesen sein sollte, dann muß auch er von derselben Göttin wie Tyr geboren worden sein.

I 14. Grimnir-Lied (2)

Im Grimnir-Lied wird die Halle des Ullr „Ydalir" genannt. „Ydalir" bedeutet „Eibental". Dieser Name könnte eine doppelte Bedeutung haben: Zum einen fertigten die Germanen ihre Bögen oft aus Eibe, sodaß Ullr als Bogengott sicherlich gerne in einem Eibental wohnen würde. Zum anderen ist aber die Eibe ein immergrüner Baum und könnte somit dieselbe Symbolik wie die ebenfalls immergrüne Mistel haben, die ein Symbol der Hoffnung auf den Frühling gewesen sein wird.

Ydalir heißt es, wo Uller hat
Den Saal sich erbaut.

Später in dem Grimnir-Lied wird der Gott Ullr in einer weiteren Strophe erwähnt. Die „klassische" Übersetzung von Karl Simrock lautet:

Ullers Gunst hat und die aller Götter,
Wer zuerst die Lohe löscht,
Denn die Aussicht öffnet sich den Asensöhnen,
Wenn der Kessel vom Feuer kommt.

Die Übersetzung „löschen" in der üblichen Fassung der Skalskarpamal ist etwas zu frei übersetzt, da das germansiche Verb „tekr", das in diesem Vers benutzt wird, „anfassen, zu etwas hingreifen" bedeutet. Es ist hier anscheinend derjenige gemeint, der sich um das Feuer kümmert. Auch „Aussicht" ist recht frei übersetzt, da es in dem Original „Wohnort, Wohnstatt" heißt. Das Verb in der letzten Zeile ist „hefja", also „heben", womit gemeint ist, daß der Kessel vom Feuer genommen wird.

Die entsprechend veränderte Übersetzung derselben Strophe lautet:

Die Gunst des Ullr und aller Götter erlangt der,
der zuerst nach dem Feuer schaut;
denn die Wohnstatt wird offen sein für die Söhne der Asen,
wenn die Kessel heruntergenommen werden.

Diese Strophe erinnert daran, daß möglicherweise der Schild auf dem Kelch mit Met, der in der Halle der Hel für Baldur bereitsteht, ein Sonnenschild gewesen ist und dieser Schild vermutlich zu Ullr als Schildgott gehört. Da Baldur und Ullr die beiden einzigen Asen sind, die „schön von Angesicht" sind, könnten beide in ihrer Symbolik nah verwandt, d.h. mit dem Unsterblichkeits-Met und mit der Wiedergeburt der („schönen") Sonne verbunden gewesen sein.

In dieser Strophe aus dem Grimnir-Lied wird Ullr zwar nicht mit dem „Becher" aus dem Wegtam-Lied, aber immerhin mit dem Inhalt eines Kessels assoziiert. Es ist gut möglich, daß in dem Wegtam-Lied der Begriff „Becher" eine der bei den Germanen so beliebten Umschreibungen ist. Dann könnte „Becher" einen „Kessel" oder ein anderes Gefäß bezeichnen. Diese Annahme ist auch schon deshalb recht wahrscheinlich, da es nicht so einfach ist, einen Schild auf einen Becher zu legen – und weil dieses Arrangement sehr unproportioniert wäre.

Wenn diese Überlegungen zutreffen, sollte der Kessel auf dem Feuer folglich mit dem Sonnenschild bedeckt sein und den Met für Baldur (und Ullr?) und andere Jenseitsreisende enthalten.

In dem Grimnir-Lied heißt es, daß dann, wenn der Kessel vom Feuer genommen wird, die „Wohnstatt" den Asensöhnen (was hier wohl einfach ein Plural von „Ase" ist) offensteht. Mit dieser Wohnstatt könnte ein Tempel oder ein Heiliger Ort gemeint sein. Das Herunternehmen des Kessels vom Feuer könnte der Beginn eines Rituals gewesen sein oder zumindestens der Teil eines Rituals, durch den die Asen zu den Ritualteilnehmern kommen.

Diese Strophe scheint auch auszudrücken, daß derjenige, der sich um das Feuer kümmert und vermutlich auch den Kessel von der Feuerstelle nimmt, Ullrs Gunst erlangt.

Es stellt sich die Frage, was genau in dem Kessel ist. Dieser Inhalt sollte auch erklären können, warum das vom-Feuer-Nehmen des Kessels dem Betreffenden die Gunst des Ullr erwerben kann. Der Inhalt dieses Kessels scheint für Ullr, aber auch für die übrigen Asen von Nutzen zu sein – und wohl auch für die Ritualteilnehmer.

Es kann sich nicht um Iduns Äpfel handeln und auch nicht um den Göttermet, da dieser gebraut und nicht gekocht wird. Es ist natürlich auch denkbar, daß die Wortwahl und die Bilder in dieser Strophe ungenau sind – auch in den Mythen der Kelten wird bisweilen der Göttermet durch ein kochendes Gebräu in einem Kessel ersetzt (z.B. in „Taliesin und Cerridwen").

Um herauszufinden, was sich in dem Kessel befinden könnte, liegt es nahe, die Edda nach besonderen (gekochten) Speisen u.ä. zu durchforschen.

I 15. Skaldskaparmal (5)

In dem Skaldenkunst-Lied wird beschrieben, wie Thor die beiden Ziegenböcke, die seinen Wagen zogen, schlachtete, aß und mithilfe seines Hammer wiederbelebte.

Der Anfang dieser Erzählung ist nun, daß Ökuthor ausfuhr mit seinem Wagen und seinen Böcken und mit ihm der Ase, der Loki heißt. Da kamen sie am Abend zu einem Bauern und fanden da Herberge. Zur Nacht nahm Thor seine Böcke und schlachtete sie; darauf wurden sie abgezogen und in den Kessel getragen. Und als sie gesotten waren, setzte sich Thor mit seinem Gefährten zum Nachtmahl. Thor bat auch den Bauern, seine Frau und beide Kinder, mit ihm zu speisen. Des Bauern Sohn hieß Thialfi und die Tochter Röskwa.

Da legte Thor die Bocksfelle neben den Herd, und sagte, der Bauer und seine Hausleute möchten die Knochen auf die Felle werfen. Thialfi, des Bauern Sohn, hatte das Schenkelbein des einen Bocks, das schlug er mit seinem Messer entzwei, um zum

Mark zu kommen. Thor blieb die Nacht da und am Morgen stand er vor Tag auf, kleidete sich, nahm den Hammer Mjöllnir und erhob ihn, die Bocksfelle zu weihen. Da standen die Böcke auf; aber dem einen lahmte das Hinterbein. Thor befand es und sagte, der Bauer oder seine Hausgenossen müssten unvorsichtig mit den Knochen des Bocks umgegangen sein, denn er sehe, das eine Schenkelbein wäre zerbrochen.

Es braucht nicht weitläufig erzählt zu werden, da es ein jeder begreifen kann, wie der Bauer erschrecken mochte, als er sah, daß da Thor die Brauen über die Augen sinken ließ, und wie wenig er auch von den Augen noch sah, so meinte er doch, vor der Schärfe des Blicks zu Boden zu fallen. Thor faßte den Hammerschaft so hart mit den Fingern an, daß die Knöchel davon weiß wurden. Der Bauer gebärdete sich, wie man denken mag, so, daß alle seine Hausgenossen entsetzlich schrien und alles, was sie hatten, zum Ersatz boten. Als Thor ihren Schrecken sah, ließ er von seinem Zorn, beruhigte sich und nahm ihre Kinder Thialfi und Röskwa zum Vergleich an: die wurden nun Thors Dienstleute und folgten ihm seitdem überall.

Das Motiv des aus seinen Knochen und seinem Fell wieder neu entstandenen Tieres ist vermutlich aus der Sitte entstanden, für den Toten ein männliches Herdentier zu opfern, um dessen Zeugungskraft auf den Toten zu übertragen, damit dieser sich erfolgreich im Jenseits wiederzeugen konnte. Aus dem wiedergeborenen Toten wurde durch seine Identifizierung mit dem Herdentier ein wiedergeborenes Herdentier: ein Kälbchen, ein Kitz, ein Fohlen oder ähnliches. Das Fleisch dieses Opfertieres wurde von den versammelten Menschen gekocht und gegessen. Das Motiv der Tier-Wiedergeburt hat sich in der oben angeführten Mythe verselbständigt.

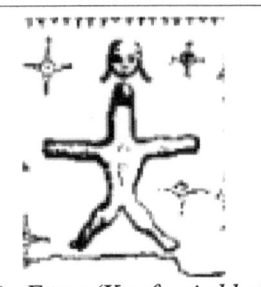

ein Fürst (Kopf) wird bei seiner Krönung in ein Fell gehüllt
Goldhörner von Gallehus Dänemark, 400 n.Chr.

In den Sümpfen, in die die Germanen teilweise ihre Toten versenkten, da die Sümpfe als Jenseitstor angesehen wurden, fanden sich viele Felle und Knochen vor allem von Pferden. Diese Pferde werden bei der Bestattung geschlachtet und von der Trauergemeinde verspeist worden sein, während das Fell bei der Bestattung dazu benutzt wurde, den Toten darin einzuhüllen und ihn so mit dem Tier zu identifizieren.

Diese Symbolik wurde auch bei den Jenseitsreisen eines Schamanen und bei der Krönung eines Fürsten oder Königs benutzt, da die Krönung in erster Linie eine Reise zu den Göttern im Jenseits war, deren Hilfe der Regent benötigte. Sie findet sich z.B. auf dem kleineren Goldhorn von Gallehus in Dänemark dargestellt.

Von diesem Brauch leitet sich auch das „Utiseta" ab, bei dem sich derjenige, der den Kontakt zu einem Toten aufnehmen wollte, an einem einsamen Ort (Hügelgrab) auf ein Fell setzte und dann den Geist des Toten herbeirief.

Diese Opfertier-Symbolik werden vermutlich auch die beiden Wildschweine Gullinborsti („Goldborste") und Hildisvini („Kampfschwein") haben, auf denen Freyr und Freya reiten. Wie die Kenning „Syr" („Sau") der Göttin Freya zeigt, ritt sie nicht nur auf einer Bache, sondern wurde auch selber als Bache angesehen. Freya und Freyr und ihre beiden Wildschweine gehen recht sicher auf die Vorstellung zurück, daß der Tote (Freyr) die Gestalt eines Keilers annahm und sich im Jenseits mit der Muttergöttin (Freya) vereint, die die Gestalt einer Bache annahm, und die ihn daraufhin (als Ferkel) wiedergebar. Die Gestalt der fruchtbaren und zeugungskräftigen Herdentiere sicherte den Erfolg der Wiederzeugung und der Wiedergeburt.

Insbesondere in Thüringen sind viele Tongefäße in der Form von Wildschweinen gefunden worden, die vermutlich zum Kult der Freya und des Freyr gehörten.

Bei den Kelten ist das Motiv der Schweine, deren Fleisch die ewige Jugend gibt und die nach ihrem Verspeisen aus dem Kessel, in dem sie gekocht wurden, wieder neu und lebendig zurückkehren, sehr weit verbreitet. Dasselbe Motiv findet sich auch in Walhalla.

Man kann also vermuten, daß sich in dem Kessel, der im Grimnir-Lied beschrieben wird, das Fleisch des Stieres, Hengstes, Hirsches, Ebers oder Ziegenbockes befand, der bei einer Bestattung für den Toten geopfert und geschlachtet worden war.

Vor dem Hintergrund dieser Deutung könnte auch das Feuer, das in der Strophe im Grimnismal erwähnt wird, besser gedeutet werden:

Die Gunst des Ullr und aller Götter erlangt der,
der zuerst nach dem Feuer schaut;
denn die Wohnstatt wird offen sein für die Söhne der Asen,
wenn die Kessel heruntergenommen werden.

Die Feuer, das hier von dem zukünftigen Günstling des Ullr behütet wird, wird das Feuer sein, auf dem das Fleisch der Opfertiere in dem Kessel kocht. Durch das Herabnehmen des Kessels vom Feuer scheint eine Verbindung des „Feuerhüters" zu Ullr und auch zu den anderen Asen hergestellt zu werden. Vielleicht wurde die Bestattung und die Wiedergeburt auch dem Tod und der Wiedergeburt der Sonne (Tyr/ Ullr) gleichgesetzt.

Da das Feuer als Tor ins Jenseits angesehen wurde und das hier beschriebene Kochen offenbar eine religiöse Zeremonie gewesen ist, wird der „Feuerhüter" wohl ein Priester gewesen sein.

Diese Strophe würde sich, wenn die hier angeführte Deutung zutreffen sollte, auf die Bestattung und das Opfer eines männlichen Herdentieres für den Toten beziehen. Diese Deutung würde Ullrs Auffassung als eine Gottheit des Jenseits bestätigen.

Der besonderen Hervorhebung des Ullr in dieser Strophe müßte dann eine besondere Funktion des Ullr im Zusammenhang mit den Bestattungen zugrundeliegen – diese Verbindung sollte speziell mit dem Opfertier bestehen, da in dieser Strophe vor allem auf dessen Kochen und Verspeisen hingewiesen wird. Ullr sollte demnach in irgendeiner Weise ein „Opfertier-Gott" gewesen sein. Dazu würde auch passen, daß Ullr ein Jagdgott ist – vielleicht hat er das Opfertier, wenn es ein Keiler oder ein Hirsch war, vor dem Bestattungsritual in den Wäldern (symbolisch) gejagt und erlegt.

Das mögliche Erlangen von „Ullr Gunst" zeigt, daß bei dem Leichenschmaus auch ein Segen von Ullr und den Asen zu den Teilnehmern bei diesem Mahl floß. Von ihm scheint derjenige das meiste zu erhalten, der als erster „nach dem Feuer schaut".

I 16. Gesta danorum

In seiner „Geschichte der Dänen" beschreibt der christliche Mönch Saxo grammaticus („schriftkundiger Saxo") auch den Gott Ullr, den er als einen Sohn des Odin auffaßt. Die Darstellung des Ullr ist in der Gesta danorum eng mit dem Tod des Baldur und mit Odins Rache an Hödur verbunden.

Diese Auffassung des Ullr bei Saxo bestätigt, daß Ullr und Baldur derselbe Gott gewesen sein könnten. Eine Möglichkeit ihrer Verwandtschaft könnte z.B. sein, daß Ullr der wiedergeborene Tyr gewesen ist und Baldur der wiedergeborene Odin – oder ebenfalls der wiedergeborene ehemalige Sonnengott-Göttervater Tyr.

Da Odin in der Völkerwanderungszeit den Tyr als Göttervater abgelöst hat, wäre Baldur dann der Nachfolger des Ullr geworden. Dabei könnte Baldur einige der Merkmale des Ullr wie z.B. das *„schöne Angesicht"* übernommen haben.

Diese Entwicklung würde auch erklären, warum Saxo den Ullr als Sohn des Odin ansieht – wenn Tyr/Ullr und Odin/Baldur weitgehend gleichgesetzt wurden, wäre Ullr wie Baldur ein Sohn des Odin, der seinerseits der Nachfolger des Tyr ist. Aus diesem Verhältnis zwischen Ullr und Baldur ergibt sich auch zwanglos die in der Mythologie der Germanen ungewöhnliche Auffassung des Ullr und des Baldur als Freunde.

	Baldur und Ullr	
Epoche	*Göttervater*	
	Vater	*Sohn (wiedergeborener Vater)*
vor der Völkerwanderungszeit	Tyr	Ullr
nach der Völkerwanderungszeit	Odin	Baldur

Tyr-Odin ist der alte Gott, der mit dem Jenseits verbunden ist, und Baldur-Ullr ist der junge Gott – der sich hier allerdings wiederum in eine Jenseits-Version (Ullr) und in eine Diesseits-Version (Baldur) aufgeteilt hat. Derartige Ungereimtheiten kommen schon ab und zu einmal vor, wenn eine alte Mythe (hier die des Tyr) in ihre Bestandteile aufgelöst wird und diese Einzelelemente dann umgedeutet und in die Mythen eines anderen Gottes eingefügt werden (hier in die des Odin und des Thor).

Im seinem 3. Buch beschreibt Saxo den langen Streit zwischen dem Gott Balder (Baldur) und dem Königssohn Hother (Hödur) um die Gunst der Nanna, der schließlich damit endet, daß Hother den Balder tötet.

In der Edda ist Nanna die Frau des Baldur und Hödur der blinde Bruder des Baldur, der Baldur aufgrund einer List des Loki ungewollt mit einem Mistelpfeil erschießt. Dies ist die ältere Variante, da sie noch näher an der alten Version des endlosen, zyklischen Streites zwischen Tyr und Loki, der die Jahreszeiten verursacht, steht.

Saxo grammaticus hat sich bemüht, die Mythen möglichst genau niederzuschreiben und lediglich ab und zu einen „christlichen Kommentar" einzufügen, der seine Einschätzung der Ereignisse widerspiegelt. Die Asen hielt Saxo für Könige der Vorzeit, die von den Menschen irrtümlicherweise als Götter angesehen worden sind.

Odin begann jedoch, obwohl er als der Oberste der Götter angesehen wurde, die Seher und Seherinnen sowie alle anderen, von denen er gehört hatte, daß sie die tiefgründigsten Formen der Wahrsagung beherrschen, nach Möglichkeiten zu befragen, Rache für seinen Sohn (Balder) *erlangen zu können. Denn eine Gottheit, die unvollkommen ist, braucht oft die Hilfe der Menschen.*

Eine solche Ratsuche des Odin bei Seherinnen wird auch in „Odins Rabenzauber" und im „Wegtams-Lied" beschrieben – wobei er in diesen beiden Edda-Liedern sie nicht nach Möglichkeiten der Rache, sondern nach der Deutung von Baldurs Träumen befragt.

Rostioph der Finne verkündete ihm, daß ihm durch Rinda, der Tochter des Königs der Ruthenier, ein weiterer Sohn geboren werden müsse. Diesem Sohn war es vorbestimmt, die Rache für den Mord an seinem Bruder auszuführen, denn die Götter hatten es diesem Bruder, der erst noch geboren werden mußte, bestimmt, die Rache an seinem Verwandten auszuführen.

Hierüber wird auch im „Wegtam-Lied" und in der „Vision der Seherin" berichtet. Dort heißt der Sohn Vali. Er war schon im Alter von einem Tag voll ausgewachsen und nahm Rache an Hödur.

Als Odin dies hörte, verbarg er sein Gesicht hinter einer Kapuze, damit sein Aussehen ihn nicht verriet, und trat als Söldner in den Dienst des Königs. Nachdem Odin von ihm zu einem Anführer gemacht wurde und von ihm ein Heer erhalten hatte, gewann er für ihn einen ruhmreichen Sieg über einen Feind. Für seinen standhaft errungenen Erfolg in dieser Schlacht gewährte ihm der König den Ehrenplatz unter seinen Freunden und hob ihn großzügig sowohl durch Geschenke als auch durch Ehrungen unter allen anderen hervor.

Sehr kurze Zeit später vernichtete Odin ganz alleine einen Feind und kehrte wieder zurück – zugleich der Bote der Tat und der, der sie vollbracht hatte. Alle bewunderten die Stärke des Mannes, der ganz allein ein zahlloses Heer besiegt hatte.

Im Vertrauen auf diese Dienste vertraute er heimlich dem König das Geheimnis seiner Liebe an und erhielt von dem König dessen gnädige Zustimmung zu seinem Wunsch. Als er jedoch einen Kuss von der Jungfrau zu erlangen versuchte, erhielt er eine Ohrfeige. Aber er ließ sich von seinem Vorhaben weder durch seine Wut über die Kränkung noch durch die Abscheulichkeit der Beleidigung abbringen.

Da er es verabscheute, sein Ziel unedlerweise aufzugeben, nahm er im nächsten Jahr die Gestalt eines Fremden an und ging zurück an den Hof des Königs, um dort bei ihm zu leben. Es war für die, die ihn trafen, nicht möglich, ihn wiederzuerkennen, denn er benutzte Schmutz, um sein wahres Gesicht zu verbergen und beschmierte sich mit neuer Schmiere, damit man ihm sein Alter nicht ansah.

In den Liedern der Edda wie z.B. dem Wegtam-Lied oder dem Harbard-Lied nimmt Odin oft auf magische Weise andere Gestalten an. Saxos Beschreibungen von Odins Verwandlungen sind offenbar eine Rationalisierung des ursprünglichen Motivs.

Er nannte sich Roster („Ruß-Diener") und sagte, daß er geschickt im Schmiedehandwerk sei. Seine Arbeiten waren eine Ehre für seinen Beruf, denn er schuf bronzene Reliefs von vielen Menschen und er schuf viele sehr schöne Formen, sodaß er eine große Menge an Gold von dem König erhielt und beauftragt wurde, die Gestalten der Matronen zu hämmern.

Nachdem er viel Schmuck für die Frauen geschaffen hatte, bot er schließlich der Tochter des Königs eine Kette an, die er sorgfältiger poliert hatte als alle anderen, und zudem noch verschiedene Ringe, die er mit der gleichen Sorgfalt hergestellt hatte. Aber keine Geschenke konnten den Zorn der Rinda besänftigen und als er versuchte sie zu küssen, ohrfeigte sie ihn, denn Geschenke von jemandem, den wir hassen, können wir nicht annehmen, während wir solche, die uns von einem Freund angeboten werden, dankbar annehmen: daher fällt die Haltung, aus der heraus man schenkt, oft auf den Schenkenden zurück.

Diese Jungfrau mit dem unbeugsamen Herzen zweifelte keinen Augenblick daran, daß der geschickte alte Mann ihr nur Großzügigkeit vorspielte, um einen Weg zu finden, das Ziel seiner Lust zu erreichen. Sie war zudem wachsam und unbeugsam, denn sie wußte, daß seine Verehrung für sie seine Arglist verbarg und daß unter den ihr angebotenen Geschenken sein Verlangen nach einem Verbrechen lag.

Ihr Vater rügte sie oft sehr für ihre Ablehnung ihres Werbers, aber sie verabscheute es, einen alten Mann zu heiraten, und der Vorwand ihrer jungen Jahre gab ihrer Zurückweisung seiner Hand einigen Rückhalt, denn sie sagte, daß ein junges Mädchen nicht vor der Zeit heiraten sollte.

Diese Szenerie findet sich in ähnlicher Weise auch im Wieland-Lied in der Edda, in der ein Schmied, um Rache zu erlangen, die Tochter eines Königs nach einem gemeinsamen Met-Trinken verführt.

Wieland verwandelte sich anschließend an diese Tat in einen Adler und flog davon. Dies erinnert wiederum daran, daß in der Edda berichtet wird, wie sich Odin in eine Schlange verwandelte, in den Berg zu Gunnlöd kroch, sich in menschlicher Gestalt mit ihr vereinte, ihren Göttermet trank, sich in einen Adler verwandelte und nach Asgard zurückflog.

Der Adler ist der Seelenvogel des Göttervaters, was zeigt, daß sich sowohl Wieland als auch Odin in diesen beiden Mythen im Jenseits befinden. Auch Odins Verwandlung in eine Schlange paßt zu dieser Szenerie, da die Schlange diejenige ist, die den Weg in das Jenseits kennt. In beiden Mythe ist auch der Göttermet wichtig, der sowohl bei den Bestattung als auch von den Göttern (um ihre ewige Jungend zu behalten) getrunken wurde.

Daher wird die Vereinigung des Odin mit Gunnlöd und die Vereinigung des Wieland mit der Königstochter letztlich auf die Wiederzeugung im Jenseits zurückgehen. Die Vermutung liegt nahe, daß auch Odins Werben um Rinda aus diesem Motiv heraus entstanden ist. Dazu paßt auch, daß es unmittelbar nach Baldurs Tod stattfindet und dessen Rache diesen soll. Offenbar ist Odin hier an die Stelle des Baldur getreten und das Streben nach der Wiedergeburt ist bei der Übertragung des Odin aus der Mythe in die Sage durch das Streben nach Rache ersetzt worden.

Odin legte jedoch seine bisherige Gestalt ab und ging ein drittes mal zu dem König, obwohl ihn die zweifache Zurückweisung sehr wurmte, denn er hatte die Erfahrung gemacht, daß nichts den Wünschen eines Liebenden mehr nützt als feste Entschlossenheit. Diesmal gab er sich als der vollkommenste Krieger aus. Die Mühe nahm er nicht nur auf sich, um seine Lust zu erreichen, sondern auch um seine Schmach auszuwischen.

In der alten Zeit hatten die, die in der Magie bewandert waren, die Macht, ihr Aussehen auf der Stelle zu ändern und die verschiedensten Gestalten anzunehmen. Sie vermochten sogar die verschiedensten Alter vorzutäuschen – nicht nur in ihrem Aussehen, sondern auch in ihrer Statur.

So begann der alte Mann, damit sein Werben erfolgreich werden würde, stolz unter den edelsten Kriegern auf und ab zu reiten. Aber selbst solch ein Verhalten konnte den Widerstand der Jungfrau nicht auflösen, denn es fällt dem Geist schwer, ein echte Zuneigung zu jemandem zu fassen, gegenüber dem er zuvor eine starke Abneigung gehabt hat.

Als er versuchte, sie bei seinem Abschied zu küssen, stieß sie ihn so heftig zurück, daß er stolperte und sich das Kinn auf dem Boden aufschlug. Da schlug er sie mit einem Stück Rinde, auf dem Zaubersprüche geschrieben waren, woraufhin sie sich wie eine Wahnsinnige zu benehmen begann. Dies war nur eine kleine Rache für die Beleidigungen, die sie ihm angetan hatte.

Das Rindenstück ist ein Wortspiel auf den Namen Rinda, der „Rinde" bedeutet. Die Zaubersprüche auf der Rinde werden Runen gewesen sein. Es ist auch denkbar, daß die „Rinde" eine Umschreibung für „Stab" gewesen ist – dann könnte dieser Runenstab mit dem „Schlafdorn" identisch sein, mit dem Odin z.B. die Brünhilde in einen tiefen Schlaf versetzt hat. Vermutlich ist dieses „Schlagen mit der Rinde" auch die Wurzel z.B. des hundertjährigen Dornröschen-Schlafes.

Dieser magische Schlaf bzw. der durch Magie hervorgerufene Wahnsinn ist ein Symbol des Aufenthaltes in der Unterwelt wie u.a. die Waberlohe, d.h. der Kreis aus Feuer zeigt, der die schlafende Brünhilde umgibt, da das Feuer ein Symbol des Jenseitstores ist. Auch der Schlaf des Schneewittchen bei den Zwergen, d.h. in der Unterwelt, hat hier seinen Ursprung.

Die Rinden-Szene bestätigt somit die Annahme, daß es bei dieser Mythe ursprünglich um Baldurs Wiederzeugung im Jenseits ging. Aus der schlichten Vereinigung mit der Jenseitsgöttin ist bei den Germanen mit der Zeit anscheinend ein schwieriges Werben geworden. Die Muttergöttin nahm dabei zunächst oft die Gestalt einer Riesentochter und später die einer Königstochter an. Dieses Werben um eine Riesentochter wird u.a. auch in dem Skirnir-Lied beschrieben.

Aber noch immer gab er das Erreichen seiner Wünsche nicht auf, denn das Vertrauen (der Menschen) in seine göttliche Majestät hatte sein Vertrauen in sich selber aufgebläht. So nahm dieser unermüdliche Wanderer die Gestalt einer Jungfrau an und kam zum vierten mal zu dem König. Nachdem er von ihm aufgenommen worden war, zeigte er sich fleißig und fast übereifrig. Die meisten Menschen glaubten, daß er eine Frau sei, da er sich ganz in weibliche Gewänder gekleidet hatte. Er sage, daß sein Name Wecha und sein Beruf Heilerin sei und bezeugte diese Behauptung durch seine guten Dienste.

Schließlich wurde er in den Haushalt der Königin aufgenommen und übernahm die Aufgabe der Kammerzofe der Königstochter. Er wusch sogar am Abend den Schmutz von ihren Füßen und als er sie mit Wasser reinigte, durfte er sogar ihre Waden und ihre Oberschenkel berühren. Das Schicksal geht oft verschlungene Wege und so kam es, daß der Zufall das in seine Hände legte, das er durch seine Pläne nie erreicht hatte, denn eines Tages wurde die Jungfrau krank und suchte nach Heilung und rief gerade die Hände herbei, die sie zuvor fortgestoßen hatte, und rief zu dem um Unterstützung, den sie zuvor verabscheut hatte.

Er untersuchte genau alle Zeichen ihrer Krankheit und erklärte, daß es, um die Krankheit so bald wie möglich zu besiegen, nötig war, einen bestimmten heilenden Trank zu benutzen, der aber dermaßen bitter war, daß die Jungfrau eine solche Kur niemals ertragen könnte, sofern sie nicht zustimme, gefesselt zu werden – und die Säfte der Krankheiten müßten aus den innersten Eingeweiden herausgetrieben werden.

Als der Vater dies hörte, zögerte er nicht, seine Tochter festzubinden, und als sie auf dem Bett lag, bat er sie, alle Anwendungen der Heilerin geduldig zu ertragen, denn der König war durch die Frauengewänder getäuscht worden, die der alte Mann benutzte, um sein beharrliches, listiges Streben zu verbergen. So wurde diese scheinbare Heilung zu einer empörenden Tat, denn der Heiler ergriff die Gelegenheit zur Vereinigung mit ihr, gab jeden Vorwand des Heilens auf und schritt zur Tat – nicht zum Vertreiben des Fiebers, sondern um das Ziel seiner Lust von der zu erreichen, die ihn in guter Gesundheit abgelehnt hatte.

Es wird die Leser sicherlich nicht langweilen, wenn ich noch eine andere Version dieser Angelegenheit hinzufüge. Es gibt einige, die sagen, daß der König, als er sah, wie der Heiler vor Liebe litt, aber trotz aller seiner geistigen und körperlichen Bemühungen nichts erreichte, ihm erlaubte, heimlich bei seiner Tochter zu liegen, da er ihn seines so wohlverdienten Lohnes nicht berauben wollte. So schädigt die Boshaftigkeit des Vaters manchmal das Kind, wenn aufbrausende Leidenschaften die natürliche Freundlichkeit verdrängt haben. Aber auf seinen Fehler folgte bald die Reue, als seine Tochter ein Kind gebar.

In dieser Geschichte ist der Umgang mit der Frau bei der Werbung selbst für die Verhältnisse in den germanischen Mythen, die nicht gerade von einem zimperlichen Verhalten berichten, doch ziemlich extrem. Es wäre gut denkbar, daß diese Geschichte durch zwei Dinge in solch ein Extrem getrieben worden ist:

Zum einen könnte die Angst, im Jenseits keine Geliebte zu finden, d.h. sich nicht mit der Göttin vereinen zu können und dadurch dann wiedergeboren zu werden, dazu geführt haben, daß man immer mehr zu Magie und Gewalt als letztem Hilfsmittel gegriffen hat, um sich seine Wiedergeburt im Jenseits zu sichern. Dies würde bedeuten, daß das Vertrauen in das Jenseits und die Götter am schwanken war – wozu die Predigten der christlichen Missionare sicherlich einiges beigetragen haben werden.

Zum anderen könnte dieses extreme Verhalten des Odin auch aus einem Bestreben der Kirche resultieren, alle heidnischen Götter in ein möglichst schlechtes Licht zu stellen. Möglicherweise wurde auch bereits die im Christentum zumindestens teilweise verdrängte Sexualität auf diese Szenen projiziert.

Odins Name „Wecha" leitet sich von dem germanischen Wort „wäha" für „weihen" ab. Dieser Name ist mit dem Gottesnamen „We" bzw. „Ve", mit dem auch der Stand der Priester/Heiler bezeichnet wurde, identisch. „We" ist ein Teil der Götterdreiheit „Woden (Krieger/Fürsten), Wili (Bauern/Handwerker) und We". „Wecha" bedeutet demnach „Priester/Heiler".

Die Götter, deren Hauptstadt Byzanz (Asgard) *war, fanden jedoch, als sie sahen, daß Odin seinen edlen göttlichen Namen durch verschiedene Verletzungen seiner eigenen Majestät beschmutzt hatte, daß er aus ihrer Gemeinschaft ausgeschlossen werden sollte. Sie nahmen ihm auch nicht nur die Führerschaft ab, sondern verbannten ihn und entzogen ihm jede Anbetung und Verehrung an ihrem Wohnort, denn sie dachten, daß es besser sei, daß ihr Führer abgesetzt würde als daß ihre Religion entehrt werden würde, und weil sie fürchteten, daß sie in die Sünde eines anderen mit hineingezogen und für das Verbrechen eines anderen bestraft werden würden.*

Denn sie sahen, daß nun, da die Missetaten ihres Großen Gottes (Odin) *offengelegt worden waren, diejenigen, die dazu verführt worden waren, ihnen göttliche Verehrung darzubringen, nun Gehorsam gegen Verachtung und Verehrung gegen Scham eintauschten. Sie sahen, daß ihre heiligen Rituale nun als Gotteslästerung angesehen wurden und daß die regelmäßigen Zeremonien zu festgelegten Zeitpunkten nun als kindisches Gestammel betrachtet wurde. Ihre Seelen waren von Angst erfüllt, der Tod stand vor ihren Augen und es sah danach aus, als würde der Fehler des einen auf alle ihre Häupter niederkommen.*

Da sie nicht wollten, daß Odin die ganze allgemeine Religion ins Exil treiben würde, sandten sei ihn in die Verbannung und setzten einen gewissen Oller (Ullr) *an seine Stelle – nicht nur, um die Symbole des Königtums zu tragen, sondern die eines Gottes, so als ob es genauso einfach wäre, einen Gott zu erschaffen wie einen König. Und obwohl sie ihn der Form halber zum Priester ernannten, verliehen sie ihm die vollständige Ehrung, damit er als der rechtmäßige Nachfolger in dieser erhabenen Stellung erscheinen würde, und nicht nur als ein Vertreter, der die Arbeit eines anderen vollbringt. Weiterhin gaben sie ihm, um keine Möglichkeit, seine Größe herauszustellen, zu versäumen, den Namen Odin, um durch den Ruhm, der mit diesem Namen verbunden war, den Makel der Neuerung loszuwerden.*

In diesem Abschnitt der Geschichte fällt es Saxo offensichtlich schwer, seinen Tadel für das Verhalten seiner heidnischen Vorfahren zurückzuhalten. Trotzdem enthält dieser Abschnitt viele wichtige Informationen über den Gott Ullr, der hier Oller genannt wird.

Zunächst einmal ist er Odins Nachfolger und übernimmt sogar dessen Namen. Dies zeigt, daß Ullr einmal ein sehr wichtiger Gott gewesen sein muß. Diese Szene läßt sich am einfachsten dadurch erklären, daß man den Ullr/Baldur als den wiedergeborenen Tyr/Odin auffaßt.

Ullr erscheint hier als Priester, was zu der engen Verbindung des Ullr mit dem Leichenschmaus beim Bestattungsritual passen würde. Er hätte als „Priester-Gott" zudem eine ähnliche Stellung wie Baldur, der die Verkörperung der „Richtigkeit" ist, die durch die Priester erhalten werden sollte.

Schließlich ist auch der Zeitpunkt interessant, an dem Ullr an die Stelle des Odin tritt. Wenn es zutrifft, daß Odins Vereinigung mit Rinda ursprünglich die Vereinigung des Toten im Jenseits mit der Muttergöttin gewesen ist, dann befindet sich Odin nicht im Exil, sondern in der Unterwelt. Während dieser Zeit übernimmt dann Ullr die Herrschaft, der ursprünglich der wiedergeborene Tyr/Odin ist. Vermutlich hat sich dieses Motiv mit dem „Herrschaftswechsel der Jahreszeiten" vermischt: Sommer/Baldur und Winter/Ullr.

Der Wechsel zwischen Vater und Sohn bzw. zwischen Sommer und Winter ist schließlich zu einer Rache des Vaters für seinen Sohn umgedeutet worden. Vali, der Sohn des Odin und der Rinda, der bei Saxo „Boe" heißt, ist demzufolge der wiedergeborene Baldur.

Für nahezu zehn Jahre hatte Oller den Vorsitz des göttlichen Ältestenrates inne, aber schließlich tat den Göttern das schreckliche Schicksal des Odin leid und sie fanden, daß er nun genug bestraft worden sei. Daher vertauschten sie sein schmutziges und unansehnliches Dasein gegen seinen früheren Glanz, denn die inzwischen verstrichene Zeit hatte die frühere Ungnade, mit der er gestempelt worden war, ausgelöscht.

Es gab jedoch auch einige, die befanden, daß er es wegen seiner früheren Gauklerstückchen und seiner Arbeit als vermeintliche Frau nicht wert war, zurückzukehren und seine frühere Stellung wieder einzunehmen, denn durch seine Taten hatte er den schlimmsten Skandal über den Namen der Götter gebracht. Einige behaupteten, daß er seine verlorene Stellung als Gottheit nur durch Geld wiedererlangt hätte und indem er einigen Göttern schmeichelte und andere wiederum durch Bestechungsgelder erweichte, und daß es ihn eine sehr große Summe gekostet hat, um seine frühere Stellung, die er vor langer Zeit verloren hatte, wiederzuerlangen.

Wenn Du mich fragen willst, wieviel er dafür gezahlt hat, dann gehe lieber zu denen, die herausgefunden haben, wieviel es kostet, ein Gott zu werden, und frage sie. Ich für meinen Teil kann sagen, daß es mir nicht viel wert wäre.

An dieser Stelle hält Saxo grammaticus seine Mißachtung für die aus seiner Sicht unhaltbaren Verhältnisse bei seinen Vorfahren und zum Teil auch noch Zeitgenossen nicht mehr zurück.

Sein Bericht, daß Odin schließlich auf den Thron in Asgard zurückkehrte, bestätigt jedoch die Vermutung, daß es einst bei den Germanen einen regelmäßigen Wechsel zwischen dem Gott Tyr und Ullr bzw. zwischen Odin und Baldur gegeben hat – also zwischen dem Göttervater und seiner eigenen Wiedergeburt als sein eigener Sohn.

Der Wechsel zwischen Baldur und seinem blinden Bruder Hödur in der Edda ist hingegen ein Wechsel „zwischen Gleichen", d.h. die beiden Brüder stellen zwei Phasen derselben Sache dar – Sommer und Winter.

Aus diesen Polaritäten läßt sich eine mythologische Struktur herleiten, die einen Aspekt des Verhältnisses zwischen den fünf Göttern Tyr, Odin, Ullr, Baldur und Hödur darstellt. Ullr/Baldur scheint sowohl der Göttervater Tyr/Odin in der Unterwelt als auch der wiedergeborene Göttervater zu sein.

	Ullr und Baldur			
Epoche	*Jahreszeiten*			
	Zeit des Hödur		*Zeit des Baldur*	
	Herbst	**Winter**	**Frühling**	**Sommer**
vor der Völkerwanderungszeit	Tod des Tyr	Tyr in der Unterwelt = Ullr (Herrschaft des Loki)	Wiedergeburt des Tyr = Ullr	Leben des Tyr (Herrschaft des Tyr)
nach der Völkerwanderungszeit	Tod des Odin	Odin in der Unterwelt = Baldur	Wiedergeburt des Odin = Baldur	Leben des Odin

Dieser Wechsel zwischen den Göttern der Jahreszeiten bzw. zwischen dem Göttervater und seinem Sohn wurde mit der Zeit immer mehr zu einem Herrschaftswechsel zwischen Vater (Tyr/Odin) und Sohn (Ullr/Baldur) sowie zu einem Kampf zwischen zwei Brüdern (Baldur und Hödur) um die Muttergöttin (Nanna) und die Herrschaft.

Dabei geriet es völlig in Vergessenheit, daß beide Gottheiten ursprünglich nur zwei Phasen desselben Gottes (Baldur – Hödur) bzw. zwei Erscheinungsformen desselben Gottes waren: Tyr und Ullr bzw. Odin und Baldur.

So wurde Oller durch Odin aus Byzanz (Asgard) *vertrieben und zog sich nach Schweden zurück. Hier wurde er, als er versuchte, wie in einer neuen Welt seinen verlorenen Ruhm wiederherzustellen, von den Dänen erschlagen.*

Dieser Tod des Ullr im Exil zeigt noch einmal, daß sich der Göttervater und sein Sohn, der der wiedergeborene Göttervater ist, einander abwechselten.

Diese eigentlich natürliche Folge ist schon bei den frühen Indogermanen zu einem Kampf zwischen dem Alten Gott (Göttervater) und dem Jungen Gott (der wiedergeborene Göttervater als sein eigener Sohn) und schließlich zu einem Kampf zwischen den Göttergenerationen umgedeutet worden. Bei den Griechen findet er u.a. zwischen Kronos und seinem Sohn Zeus statt.

Der Göttergenerationenkampf findet sich bei den Germanen in dem Kampf zwischen den Asen (der jungen Generation) und den Riesen (der alten Generation).

Es wird erzählt, daß er (Oller) *ein solch geschickter Zauberer war, daß er einen bestimmten Knochen benutzte, den er mit schrecklichen Zaubersprüchen belegt hatte, um anstatt in einem Schiff mit der Hilfe dieses Knochens die Meere überqueren konnte und daß er mithilfe dieses Knochens die Gewässer, die seinen Weg versperrten, genauso schnell wie ein Ruderer überqueren konnte.*

Die hier genannten Gewässer könnten durchaus der Jenseitsfluß sein. Sein magischer Knochen entspräche dann Hringhorn, dem Schiff des Baldur. Die Vermutung liegt nahe, daß dieser Knochen von dem Leichenschmaus stammt, mit dem Ullr im Grimnir-Lied in Verbindung gebracht wird. Da auch das Fell des Opfertieres, in das man die Toten hüllte und auf das sich beim „Utiseta" diejenigen setzten, die den Kontakt zu ihren Ahnen erlangen wollten, ein „Jenseitsschiff" war, das sich in den Mythen als Freyrs Skidbladnir wiederfindet, liegt es nahe, auch den Knochen des Opfertieres diese magische Eigenschaft zuzuschreiben.

Der magische Knochen des Ullr wäre dieser Deutung zufolge eine Entsprechung zu dem magischen Schiff des Freyr. Das Fell und die Knochen waren die beiden Teile der Opfertiere, die man in den Ritualen zusammen mit dem Toten in das Jenseits sandte. Aus den Knochen und dem Fell seiner geschlachteten Ziegen erschuf Thor mithilfe des Segens seines Hammers auch seine beiden Ziegen neu.

Ullr wird hier also als ein Gott sichtbar, der in der Lage ist, den Jenseitsfluß zu überqueren und in das Jenseits zu gelangen.

Die *„schrecklichen Zaubersprüche"* mit denen Ullr diesen Knochen belegt hatte, werden wohl mit den Worten, die Odin seinem Sohn Baldur ins Ohr flüsterte, als dieser aus seinem Scheiterhaufen lag, identisch sein: Diese Worte beinhalten die Kenntnis über den Jenseitsweg und drücken die Fähigkeit aus, ihn auch ins Jenseits und wieder zurück gehen zu können.

Letztlich stellen diese Worte des Odin und diese Zaubersprüche des Ullr die Fähigkeit des Schamanen dar, mit seiner Seele (Astralkörper) seinen materiellen Körper verlassen und in die Seelenwelt zu den Ahnen reisen zu können.

Aufgrund der Jahreszeitensymbolik des Baldur und des Hödur überqueren beide Götter zweimal im Jahr den Jenseitsfluß: einmal im Frühjahr und einmal im Herbst.

Dieses Knochen-Schiff steht mit der Schild-Kenning „Ullrs Schiff" in Zusammenhang: Die Sonne fuhr den germanischen Felsritzungen zufolge in vorchristlicher Zeit in einem Schiff über den Himmel und die Sonne wurde wegen ihrer Form als ein Schild aufgefaßt – daraus ergab sich die Assoziation zwischen Schiff und Schild, was wiederum zeigt, daß Ullr mit der Sonne in Zusammenhang gestanden haben muß und daß sein magischer Knochen nicht nur mit dem Opfer eines Herdentieres für die Jenseitsreise der Toten, sondern auch mit der nächtlichen und vor allem mit der winterlichen Jenseitsreise der Sonne in Verbindung stand. Diese winterliche Fahrt in die Unterwelt hat dann dazu geführt, daß Ullr der Schneeschuh-Ase, d.h. der Wintergott geworden ist.

Odin strahlte jedoch, nachdem er nun alle Zeichen eines Gottes wiedererlangt hatte, über alle Teile der Welt mit solch einem Ruhmesglanz, daß ihn alle Völker so willkommen hießen, als ob er das Licht wäre, daß der Welt zurückgegeben wurde, und es gab nicht einen Ort auf der Welt, der nicht seiner Macht huldigte.

Diese Beschreibung der Rückkehr des Odin nach Asgard läßt ahnen, wie die Rückkehr des Baldur aus der Unterwelt zu Frühlingsbeginn einst gefeiert worden sein muß. Möglicherweise könnte Saxos leicht bissig klingende Formulierung *„als ob er das Licht wäre, daß der Welt zurückgegeben wurde"* gar nicht präziser sein, wenn die bisherigen Deutungen zutreffen, da dann in dieser Mythe wirklich die Freude über die länger und wärmer werdenden Tage und die zunehmende Kraft der Sonne im Frühling beschrieben werden würde.

Als er (Odin) *sah, daß Boe* (Vali), *sein Sohn, den er von Rinda hatte, für die Härten des Krieges gerüstet war, rief er ihn zu sich und forderte ihn auf, immer an den Mord an seinem (Halb-)Bruder zu denken. Er sagte, daß es für ihn besser wäre, Rache an den Mördern des Baldur zu nehmen als in der Schlacht Unschuldige zu besiegen, denn die Führung eines Krieges war dann besonders angemessen und passend, wenn es einen heiligen Grund für den Kriegszug gab, der durch die rechtschaffene Kriegseröffnung aufgrund einer Rache bereitgestellt wurde.*

Boe gelang es schließlich Hother (Hödur), den Mörder seines Halbbruders Baldur zu töten.

Die Rache war im germanischen Selbstverständnis ein sehr wesentliches Element, das fast über allem anderem stand.

Die Bedeutung des Namens „Boe" ist unbekannt – eventuell bedeutet er „Biene" („Beo"). Falls dies zutreffen sollte, wäre Boe vermutlich mit dem Helden Beowulf aus dem angelsächsischen Epos, das um 750 n.Chr. niedergeschrieben worden ist, identisch.

Der Bericht des Saxo grammaticus in der Gesta danorum zeigt vor allem, daß Ullr recht wahrscheinlich der wiedergeborene Tyr/Odin ist. Er zeigt weiterhin, daß Tyr/Odin wohl nur in der einen Hälfte des Jahres herrschte und sein Sohn Ullr/Baldur in der anderen. Vermutlich wurde hier nicht mehr genau zwischen der Wiedergeburtssymbolik und der Jahreszeitensymbolik des Baldur-Hödur-Brüderpaares unterschieden.

I 17. Gylfis Vision (1)

Der Sohn von Odin und Rinda wird auch im Wegtam-Lied erwähnt, in dem er jedoch nicht Boe, sondern Wali heißt. Da die Germanen nicht zwischen „w" und „v" unterschieden, wird „Wali" oft auch „Vali" geschrieben.

Der Name „Wali" leitet sich vermutlich von dem Wort „wal" ab, das mehrere Bedeutungen hat, die zu unterschiedlichen Deutungen des Namens „Wali" führen:

- „wollen, wünschen, wählen"   => Wali = „der Auserwählte"
- „wälzen, rollen, rund"   => Wali = „der Rollende", „der Runde"
- „Leiche, Toter, Schlachtfeld"   => Wali = „der Tote"
- „mächtig, gewaltig"   => Wali = „der Mächtige"
- „lauwarm, naß"   => Wali = „der Nasse"

Die Bedeutungen „der Nasse" und „der Tote" scheiden für einen Gottessohn, der vor allem ein Rächer ist, wohl aus. „Der Auserwählte" und „der Mächtige" würden beide hingegen sehr gut passen. Falls „der Runde" richtig sein sollte, müßte Wali eigentlich die Sonne sein. Das „Runde" wäre dann die Sonnenscheibe bzw. der Sonnenschild, der die Sonne symbolisiert und eng mit Ullr verbunden ist, der auch als Sohn des Odin angesehen wurde.

In „Gylfis Vision" wird Wali mit den folgenden Worten beschrieben:

Einer (der Asen) *wird Ali oder Vali genannt, ein Sohn des Odin und der Rindr: Er ist mutig im Kampf und ein sehr erfolgreicher Scharfschütze.*

Diese Beschreibung würde durchaus auch auf den Bogen-Gott Ullr passen, der ja ein Gott des Zweikampfes und ein Bogenschütze ist. In dem Text heißt es, daß Vali wie auch einige andere Asen-Söhne die Götterdämmerung überlebt, was gut zu der

Wiedergeburts- und Jahreszeitenwechsel-Symbolik der hier betrachteten Mythen paßt, da der Ragnarök eine ins Große, Kriegerische und Einmalige übertragene Variante des Wintereinbruches ist – nach dem dann wieder ein neuer Frühling, d.h. die Söhne der Asen folgt. Wali wäre somit ein wiedergeborener Gott.

I 18.   Wegtam-Lied (3)

Der Sohn von Odin und Rinda wird auch im Wegtam-Lied erwähnt:

Wala :
„Rinda im Westen gewinnt den Sohn,
Der einnächtig, Odins Erbe, zum Kampf geht.
Er wäscht die Hand nicht, das Haar nicht kämmt er
Bis er zum Bühle brachte Baldurs Mörder.
Genötigt sprach ich, nun will ich schweigen."

Ein Bühl ist ein Hügel – hier ist das zukünftige Hügelgrab des Hödur gemeint.
    Welcher Neugeborene kann im Alter von nur einer Nacht („einnächtig") bereits einen Feind besiegen? – Die Sonne, die am Morgen nur „eine Nacht alt" ist.
    Die Auffassung des Wali/Boe als Sonne ist also sehr wahrscheinlich – was seinerseits wieder die Auffassung des Ullr als einen Aspekt oder Nachfolger des ehemaligen Sonnengott-Göttervaters Tyr bestätigt.

I 19.   Die Vision der Seherin

In diesem Lied wird wie im Wegtam-Lied über das geringe Alter des Wali berichtet:

Von der Mistel kam, so dauchte mich
häßlicher Harm, da Hödur schoß.
Baldurs Bruder, war kaum geboren,
Als einsichtig Odins Erbe zum Kampf ging.

I 20. Gylfis Vision (3)

In diesem Text trägt auch ein Sohn des Loki den Namen Wali. Da hier zwei Söhne auftreten, von denen der eine Wali heißt, liegt der Verdacht nahe, daß es sich hier um eine weitere Variante der Jahreszeitenwechsel-Mythe handelt.

Die Namensvarianten des zweiten Sohnes des Loki, die Nari, Narfi, Narvi, Nörfi, Naurr, Nörr, Nori und Neri lauten, bedeuten alle „Nacht". In „Gylfis Vision" wird auch berichtet, daß Narfi der Vater von Nott, der personifizierten Nacht ist. Dies bestätigt die Deutung der beiden Loki-Söhne als Sommergott und Wintergott, da diese beiden Jahreszeiten Analogien zu Tag und Nacht waren.

Dann wurden Lokis Söhne, Wali und Narwi, gefangen. Den Wali verwandelten die Asen in Wolfsgestalt: da zerriß er seinen Bruder Narwi. Da nahmen die Asen seine Därme und banden den Loki damit.

Es gibt in den germanischen Mythen somit mindestens neun verschiedene Gottheiten-Paare, die den Sommer und den Winter darstellen:

Sommer- und Wintergottheiten der Germanen	
Sommer	*Winter*
Sif mit Haaren	Sif ohne Haare
zweiarmiger Tyr	einarmiger Tyr
Tyr	Loki
Odin	Loki
Baldur	Loki
Baldur	Ullr
Baldur	Hödur
Odin	Hödur
Wali Odin-Sohn	Hödur

I 21. Atli-Lied

In der Edda findet sich eine Erwähnung des Ullr, die noch eine andere Seite dieses Gottes zeigt:

So ergeh' es auch Dir, Atli, wie Du Gunnar hieltest
Oft geschwore Eide, die ihr einst gelobt
Bei der südlichen Sonne, bei des Sieg-Tyrs Hügel,
dem geschützten Bett des Friedens, bei Ullers Ring.

Das „*geschützte Bett des Friedens*" und der „*Hügel des Sig-Tyr*" sind beide ein Hügelgrab – ursprünglich vermutlich der des Gottes Tyr. Für diese Deutung spricht auch, daß dieses Lied zu den ältesten der Edda zählt und vermutlich in etwa aus der Zeit des Königs Attila stammt, der von 434 n.Chr. – 453 n.Chr. über den westlichen Teil der Hunnen herrschte. In dieser Zeit ist Tyr noch der Göttervater der Nordgermanen gewesen.

Der Gott Tyr scheint hier mit Ullr identisch zu sein, was für die Annahme spricht, daß Ullr ursprünglich ein Aspekt des Tyr gewesen ist. Ullr war zu dieser Zeit möglicherweise noch ein Beiname des Tyr und noch kein selbständiger Gott.

Ullrs Ring ist vermutlich identisch mit dem Ring Draupnir, den Odin von seinem „Vorgänger" Tyr übernommen hat. Als Sonnen- und Jenseitsreisesymbol ist dieser Ring aich das Symbol des Tyr und seiner erfolgreichen Jenseitsreise in jeder Nacht und in jedem Winter. Später wurde er dann zu dem Symbol eines Menschen, der erfolgreich ins Jenseits und zurück gereist ist.

Die „*südliche Sonne*" zeigt, daß diese Eide zur Mittagszeit abgelegt worden sind, da zu dieser Zeit die Sonne im Süden steht – Tyr ist der Sonnengott-Göttervater gewesen.

I 22. Sonnenlied

Die Zeitangabe „*südliche Sonne*" in dem Atli-Lied erinnert an eine Strophe aus dem Sonnenlied in der Edda:

Den Sonnenhirsch sah ich von Süden kommen
Von zwein am Zaum geleitet;
Auf dem Felde standen seine Füße,
Die Hörner hob er hoch zum Himmel.

Dieser Sonnenhirsch ist vermutlich das Tier, das dem Sonnengott-Göttervater Tyr bei seiner Jenseitsreise geopfert wurde, damit er im Jenseits die Zeugungskraft dieses Hirsches erhielt.

Die Szene, in der dieser Sonnenhirsch von zwei Menschen an seinem Halfter gehalten wurde, ist zwar nicht von den Germanen, aber dafür von ihren Nachbarn, den ihnen nah verwandten Kelten, gut bekannt. Auf dem keltischen Kesselwagen von Strettweg halten je zwei Menschen vor und hinter der Göttin, die den Kessel trägt, einen Hirsch an seinem Geweih. Sie werden von Reitern mit Schilden sowie zwei Paaren, je ein Mann mit Axt und eine Frau, begleitet.

Es gab bei den Kelten auch den Brauch, ihre Kultwagen von Hirschen ziehen zu lassen.

Diese Prozession transportierte offensichtlich den Met in dem Kessel auf dem Wagen von einem Ort zu einem anderen. Vermutlich ist dies auch der Met-Kessel, auf dem bei den Germanen Ullrs Sonnenschild als „segenbringender Deckel" gelegen hat.

In Kombination mit der Strophe aus dem Atli-Lied könnte man daher vermuten, daß es ein Ritual gegeben hat, bei dem in einer Prozession der Met der Göttin auf einem Wagen, vor den ein „Sonnenhirsch" gespannt war, zu einem Hügelgrab, der als Verbindungsort zu dem Sonnengott-Göttervater Tyr aufgefaßt wurde, gebracht und dort vermutlich getrunken wurde. Bei dieser feierlichen Gelegenheit wurden dann auch Eide abgelegt, die vermutlich „bei Ullr" bzw. „bei Tyr", also bei der obersten Gottheit, geschworen wurden. In diesem Zusammenhang wurde „Tyr im Hügelgrab", d.h. „Tyr im Jenseits" anscheinend auch „Ullr" genannt.

Kesselwagen von Strettweg Kelten, 650 v.Chr.

Kesselwagen von Strettweg, Detail links zwei Männer, die den Hirsch an seinem Geweih führen

I 23. Wieland-Lied

Ein weiterer Hinweis zu der Symbolik des Wali, des Tyr, des Ullr, des Sonnenhirsches und des Südens findet sich in einer Strophe aus dem Edda-Lied über den Meisterschmied:

Durch Myrkwid flogen Mädchen von Süden,
Alwit die junge, Urlog zu entscheiden.
Sie saßen am Strande der See und ruhten;
Schönes Linnen spannen die südlichen Frauen.

„Urlog" bedeutet „Schicksal" und auch „Kampf". Die Walküren entschieden (in Odins Auftrag) den Verlauf der Kämpfe und der Kriege. Dies ist eine Übertragung der früheren Vorstellungen über die Seelenvogel-Schwanenfrauen in den Bereich des Kriegerischen.

Dem Herbeifliegen der Walküren von Süden her liegt vermutlich dieselbe Vorstellung zugrunde wie dem *„Sonnenhirsch"*, der von Süden her kommt (Sonnenlied), und dem Schwören *„bei der südlichen Sonne"* („Atlilied").

Da Tyr ursprünglich der Sonnengott-Göttervater der Germanen gewesen ist und Ullr wahrscheinlich der Gott Tyr auf seiner nächtlichen Reise durch die Unterwelt war, stellt die „südliche Sonne" wohl Tyr in seiner ganzen Kraft dar.

Aus dem Süden kommt auch am Ende eines Götterzyklus (Ragnarök) der Feuerriese Surt. An dieser Stelle ist „Süden" möglicherweise nur eine Umschreibung für „heiß", denn im Süden lag die eine der beiden Urhälften der Welt: das heiße Muspelheim.

Der Süden scheint für die Germanen vor allem die Himmelsrichtung des „Tyr am Tage" gewesen zu sein. Entsprechend war der Norden die Richtung des Ski-Asen Ullr, also des „Tyr in der Nacht". Daraus ergibt sich, daß der Osten als die Richtung des Sonnenaufgangs der Ort der (Wieder-)Geburt des Tyr gewesen ist und der Westen als Richtung des Sonnenunterganges der Ort des Todes des Tyr.

In jeder dieser vier Richtung steht ein Zwerg auf dem Rand der Welt (Utgard) jenseits des Meeres und bewacht eines der vier Hörner, auf denen die Himmelskuppel ruht, die die Asen aus dem Schädel des Urriesen Ymir geformt haben.

Die Symbolik der vier Richtungen

Richtung	Himmelsträger	Sonne	Symbolik	Tyr
Osten	Zwerg Austri	Sonnenaufgang	(Wieder-)Geburt	Geburt des Tyr
Süden	Zwerg Sudri	Tag	Leben	Tyr in seiner Kraft
Westen	Zwerg Westri	Sonnenuntergang	Tod	Tod des Tyr
Norden	Zwerg Nordri	Nacht	Jenseits	Ullr (der tote Tyr)

Dies mythologische „Sonnen-Geographie" findet sich aufgrund ihrer Einfachheit bei fast allen Völkern. Ihr liegt das Gleichnis zwischen dem Leben der Menschen und dem Sonnenlauf zugrunde.

I 24. Der Tempel des Ullr

In dem Ort Bro nördlich von Stockholm liegt ein Platz mit dem Namen „Lilla Ullevi". Dieser Name bedeutet „Kleines Heiligtum des Ullr". In diesem Ort wurde ein germanisches Heiligtum gefunden, das das mit Abstand am besten erhaltene in Skandinavien ist. Dieser Tempel stammt aus der Zeit zwischen 450 n.Chr. und 800 n.Chr.

Ausgrabungsbeeich von Lilla Ullevi: der gefüllte Bereich des "U" unten war der eigentliche Tempel, der Bereich darüber war ein Vorbau

Fundament des Tempels (das "U" steht hier andersherum als auf dem Bild links)

Das Heiligtum hat die Gestalt einer U-förmigen Plattform mit zwei „Armen" an den beiden Ecken. Diese Plattform und die Arme bestanden aus bis zu einem halben Meter großen Steinen.

Die beiden Arme zeigen genau nach Osten, also zum Sonnenaufgangspunkt zur Frühlingstagundnachtgleiche. Wenn man an der „Armseite" der Plattform in ihrer Mitte steht, würde man die vier wichtigen Sonnenaufgänge, an denen man die Jahreszeit erkennen kann, an markierten Punkten sehen:

Ausrichtung des Tempels von Lilla Ullevi	
Datum	*Sonnenaufgang*
Frühlingstagundnachtgleiche (Frühjahrsanfang)	genau geradeaus
Sommersonnenwende (Sonmmeranfang)	über der Spitze des linken Armes
Herbsttagundnachtgleiche (Herbstanfang)	genau geradeaus
Wintersonnenwende (Winteranfang)	über der Spitze des rechten Armes

Aufgrund des Erhaltungszustandes des Tempels ist es wahrscheinlich, aber nicht ganz sicher, daß diese Ausrichtung Absicht gewesen ist.

Falls dies zutrifft, würde das bedeuten, daß für die Gottheit dieses Tempels die Sonne wichtig gewesen ist. Da Ullr wahrscheinlich aus einem Beinamen des Sonnengott-Göttervaters Tyr entstanden ist, wäre dieser Zusammenhang sehr plausibel.

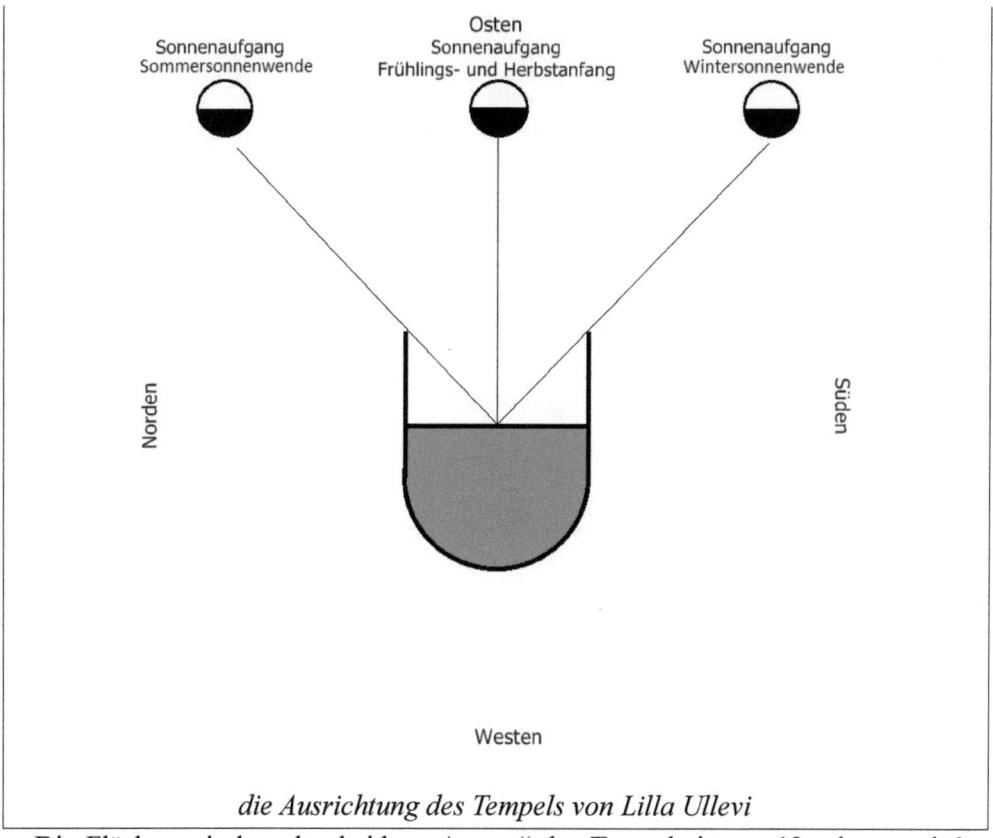

die Ausrichtung des Tempels von Lilla Ullevi

Die Fläche zwischen den beiden „Armen" des Tempels ist ca. 12m lang und 6m breit. In ihr standen vier senkrechte Pfosten. Ob sie ein Podest, ein Dach oder noch etwas anders trugen, ist leider unbekannt.

Die gesamte Konstruktion war vermutlich eher ein Platz als ein Gebäude, da weder Mauerfundamente noch in größerer Anzahl Pfostenlöcher gefunden worden sind.

I 25. Die Ringe des Ullr

Bei den Ausgrabungen in dem Ullr-Tempel von Lilla Ullevi wurden 65 Ringe aus der Zeit zwischen 650 n.Chr. und 750 n.Chr. entdeckt. Bei ihnen handelt es sich um Fingerringe, Armreifen und Halsreifen – die Symbolik dieser verschiedenen „Ringe" scheint gleich gewesen zu sein. Die Größe mancher Ringe scheint zum Tragen an Fingern, Handgelenk oder Hals allerdings unpassend gewesen zu sein, sodaß sie wohl keine Schmuckstücke, sondern vor allem eben Kreise, d.h. vermutlich sehr einfache Abbilder des Sonne gewesen sein werden.

Einige der „Halsreifen" sind geschlossene Ringe, die man daher gar nicht am Hals tragen konnte. Die Ringe sind sehr einfach geschmiedet und nicht poliert worden. Sie werden vermutlich die „Ringe des Ullr" sein, auf die in dem Atli-Lied geschworen wurde.

Vermutlich wurden die Ringe, nachdem auf sie ein Eid abgelegt worden war, in dem Tempel des Tyr-Ullr aufbewahrt.

Ein Typ von Ring ist besonders interessant, da er aus mehreren ineinanderhängenden Ringen besteht. Er tritt in verschiedenen Varianten auf.

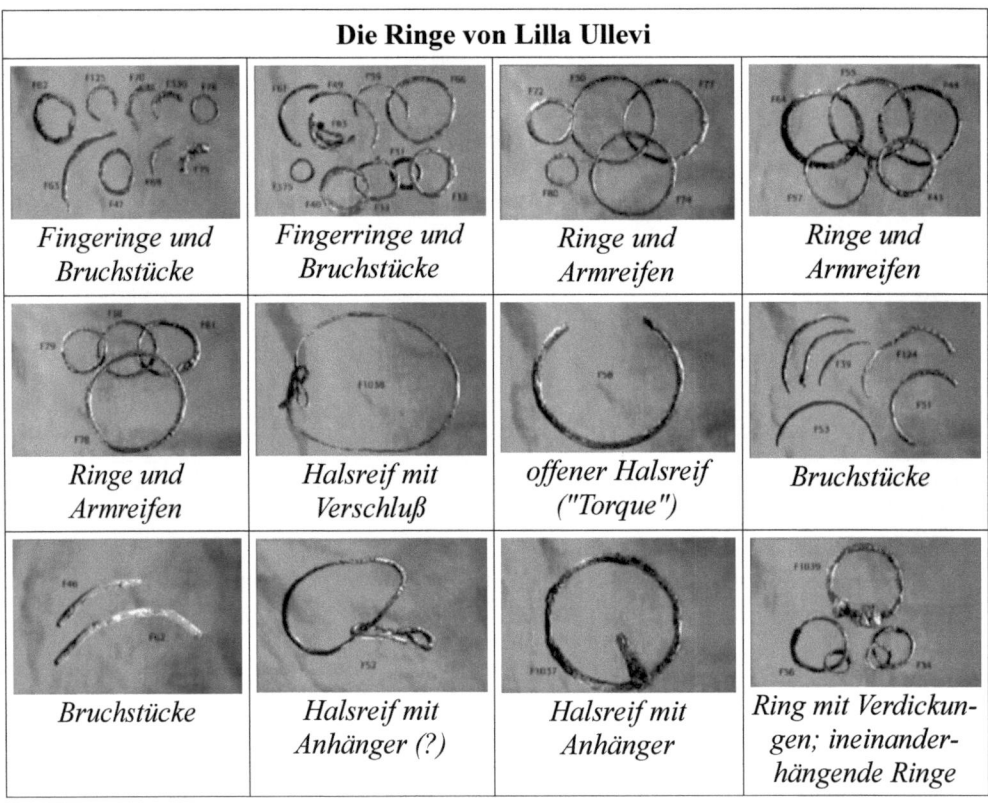

Die Ringe von Lilla Ullevi			
Fingeringe und Bruchstücke	*Fingerringe und Bruchstücke*	*Ringe und Armreifen*	*Ringe und Armreifen*
Ringe und Armreifen	*Halsreif mit Verschluß*	*offener Halsreif ("Torque")*	*Bruchstücke*
Bruchstücke	*Halsreif mit Anhänger (?)*	*Halsreif mit Anhänger*	*Ring mit Verdickungen; ineinanderhängende Ringe*

Die Ringe von Lilla Ullevi

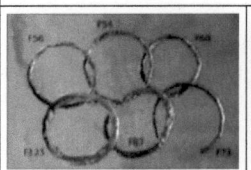 z.T ineinanderhängende Ringe	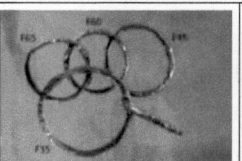 z.T ineinanderhängende Ringe	
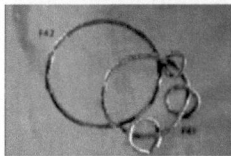 Armreif; drei kleine Ringe an einem großen Ring	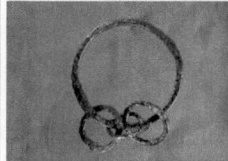 drei ineinanderhängende Ringe an einem großen Ring	drei Ringe mit je drei kleinen Ringen, die bei dem rechten ineianderhängen

Die 65 Ringe und Ringfragmente von Lilla Ullevi treten in zehn Varianten auf. Da bei den Fragmenten nicht zu sehen ist, ob sie vielleicht auch einmal ineinandergehangen haben, ist die Anzahl der „kombinierten Ringe" möglicherweise größer gewesen als es die folgende Übersicht zeigt. Die Zuordnung zu den Größen ist z.T. etwas unsicher.

Ringe von Lilla Ullevi							
	einfach	mit Verdickung/ Anhänger	mit einem Ring	mit zwei Ringen	mit drei Ringen	mit drei ineinanderhängenden Ringen	Summe
Fingerring	7						7
Zwischengröße	18	1	2				21
Armreif	14		2		3		19
Halsreif	12	2				2	16
Summe	51	3	4	-	3	2	63

Diese Übersicht zeigt, daß 81% der Ringe einfache Ringe waren. Dieser einfache Ring wird demnach die „Urform" gewesen sein: ein Abbild der Sonne. Man wird vermutlich „bei Tyr", „bei Ullr" und „bei der Sonne" geschworen haben – was letztlich alles dasselbe gewesen ist.

Es fällt auf, daß es keine Ringe gibt, an denen zwei Ringe angehängt waren, sondern nur solche mit einem oder mit drei anhängenden Ringen. Die Anzahl der anhängenden Ringe war offensichtlich nicht beliebig. Die Anzahl dieser beiden Varianten ist in etwa gleich: 3 bzw. 4 Exemplare (4% bzw. 6%).

Lediglich einer der anhängenden Ringe war genausogroß wie der Ring, an dem er hing – alle anderen 18 anhängenden Ringe sind deutlich kleiner. Es gibt in den Kombinationen folglich einen „Großen Ring" an dem ein oder drei „Kleine Ringe" hängen. Der „Große Ring" scheint daher die „Kleinen Ringe" zu halten.

Die auffällige Dreizahl der anhängenden Kleinen Ringe erinnert an die Symbolik der „3" bei den Germanen, die auf die Wiedergeburt und auf das Jenseits hinweist, die beide auch mit der nächtlichen bzw. winterlichen Jenseitsreise der Sonne verbunden sind. Diese Deutung würde daher sowohl zu der Symbolik der Ringe als auch zu der Symbolik der „3" und der Symbolik der Sonne passen – und alle drei zu Ullr als einem Gott, der aus einem Beinamen des „Tyr in der Unterwelt" entstanden ist.

Noch interessanter wird es, wenn man die drei Ringe symmetrisch anordnet, da dann eine der Formen des Hrungnir-Herzens entsteht.

Auf dem Runenstein von Bunge scheint das Hrungnir-Herz von einem riesigen Adler, vermutlich dem Seelenvogel des Göttervaters Tyr bzw. seines Nachfolgers Odin, zu einem Mann gebracht zu werden, der die zentrale Gestalt eines Rituales ist. Wahrscheinlich handelt es sich bei dem dargestellten Ritual um eine Einweihung oder eine Krönung, d.h. um eine symbolische Jenseitsreise.

Runenstein von Bunge, ca. 1050 n.Chr.

In der Mitte befindet sich in einem „Kasten" ein kleiner Mann, der vermutlich ins Jenseits reist. Rechts neben ihm leitet ein Priester (langes Gewand) die Zeremonie. Daneben stehen vier Krieger (Waffen). Links steht ein „Hilfs-Priester" und ein weiterer Krieger. Ganz links steht ein umgebogener Baum. Über dem „Kasten" bringt ein Adler dem „kleinen Mann" ein Hrungnir-Herz. Die vier Krieger bringen einen symbolischen Adler. Von ganz oben kommt eine riesige Adlerklaue herab, die vermutlich den Segen des Göttervaters Tyr/Odin darstellt.

Es wird sich bei dem Hrungnir-Herz daher um einen Segen der obersten Gottheit handeln, die dieser einem Menschen gibt, der zu ihm ins Jenseits gereist ist. Dies ist auch die Bedeutung des Ringes Draupnir und ebenso der keltischen Torques.

Das Hrungnir-Herz scheint somit ursprünglich ein dreifacher Ring gewesen zu sein, der von seiner Symbolik her mit dem Ring identisch ist, nur daß in diesem Zeichen durch die „3" der Jenseitsaspekt des Ringes noch einmal extra betont wird.

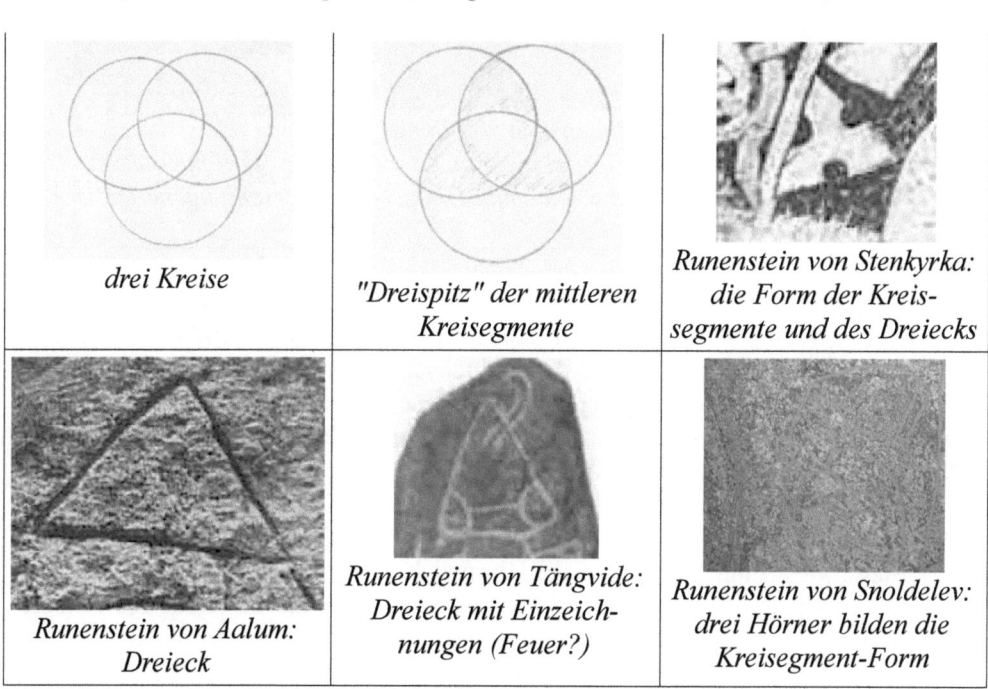

drei Kreise	*"Dreispitz" der mittleren Kreisegmente*	*Runenstein von Stenkyrka: die Form der Kreissegmente und des Dreiecks*
Runenstein von Aalum: Dreieck	*Runenstein von Tängvide: Dreieck mit Einzeichnungen (Feuer?)*	*Runenstein von Snoldelev: drei Hörner bilden die Kreisegment-Form*

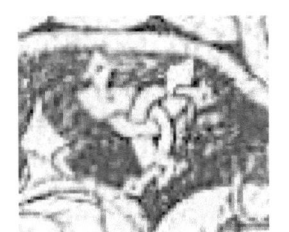		
Runenstein von Stenkyrka: drei abstrakte Hörner	*Runenstein von Stenkyrka: durchlaufendes Dreieck*	*Runenstein von Stora: rundes durchlaufendes Dreieck*
	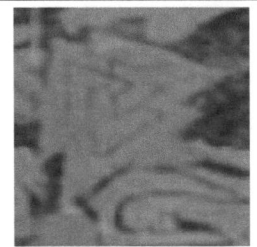	
Runenstein von Uppsala: rundes durchlaufendes Dreieck in Kreisegment-Form	*Runenstein von Bunge: drei ineinander verschlungene Dreiecke*	*drei ineinander verschlungene Dreiecke*

Der Ring erscheint auf den Runensteinen der Germanen oft in Kombination mit einem Kreuz oder einer ähnlichen vierfachen Struktur. Da man in früheren Zeiten die vier Himmelsrichtungen nur anhand des Sonnenstandes erkennen konnte, ist die Zahl „4" schon seit der Jungsteinzeit eng mit der Sonne verbunden gewesen. Die „Draupnir-Kreuze" auf den Runensteinen sind somit Sonnensymbole und daher auch Symbole des Gottes Tyr. Sie bilden einen Kreis mit einem Kreuz in der Mitte – diese Kombination ist weltweit als Sonnensymbol zu finden.

Die vier „Arme" des Kreuzes entsprechen den vier „Himmelsrichtungs-Zwergen" Austri, Sudri, Westri und Nordri, die die Himmelskuppel tragen.

Bei den westlichen Nachbarn der Germanen war das keltische Kreuz die Entsprechung zu dem Draupnir-Kreuz. Aus ihm wurde nach der Missionierung das christliche Kreuz, das auch inhaltlich dem Draupnir-Kreuz sehr ähnlich ist. Die folgende Übersicht zeigt alle grundlegenden Formen dieser Draupnir-Kreuze auf den Runensteinen.

Wenn die Deutung des Schildes des Ullr als „Sonnen-Schild" zutrifft, dann könnte auch auf diesem Schild ein Draupnir-Ring oder ein Draupnir-Kreuz abgebildet sein. Dieser „Sonnenschild" und auch der Draupnir-Ring und das Draupnir-Kreuz wären dann letztlich Bilder der Sonne und somit auch Ullr-Symbole.

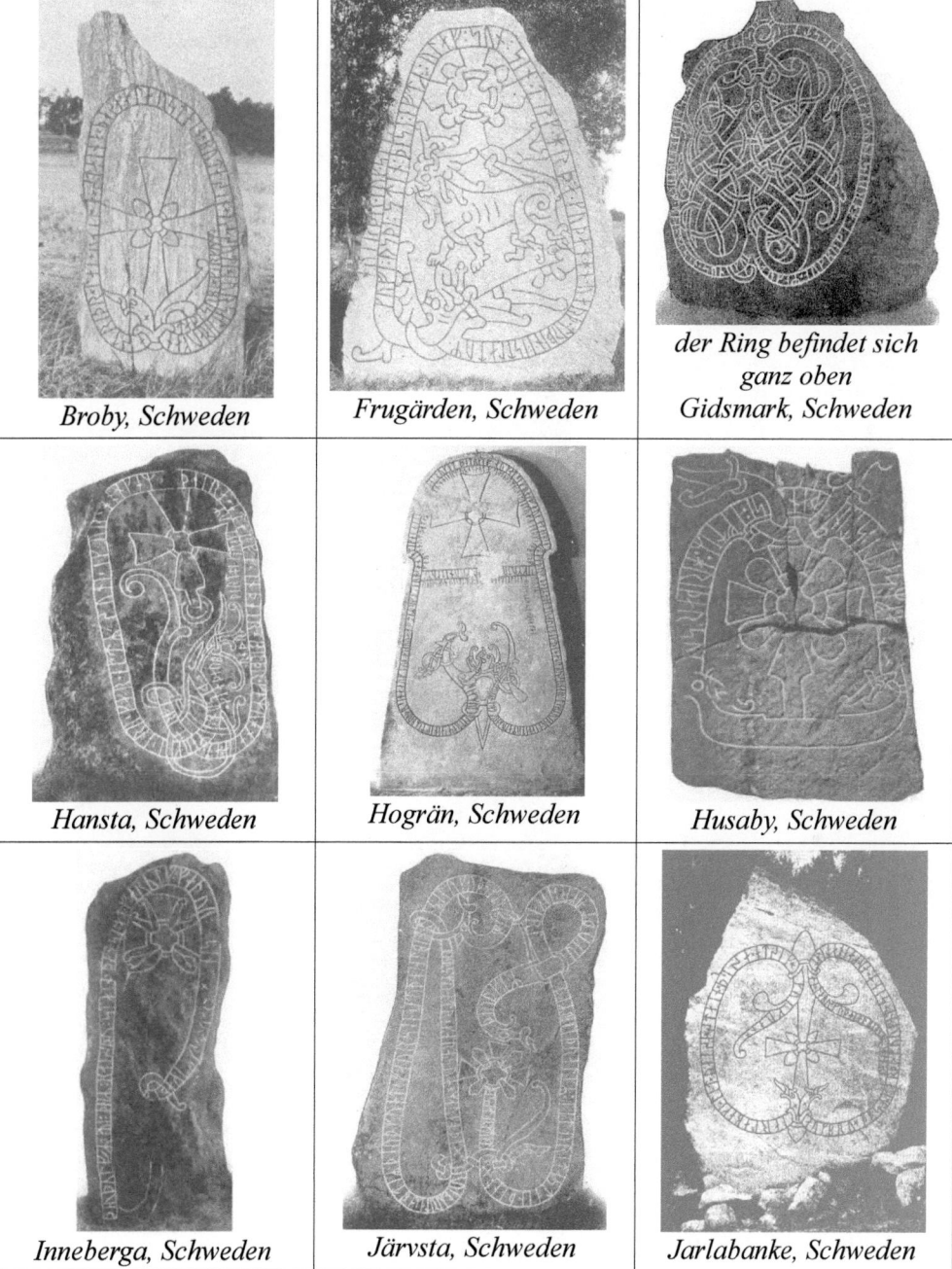

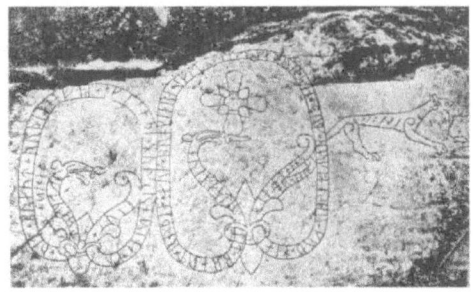

| Lifsinge, Schweden | Södertälje, Schweden |

I 26. Eine Ullr-Widmung auf einer Schwertscheide

In Thorsberg bei Kiel in Schleswig-Holstein wurde ein sogenanntes „Ortband" aus Bronze, also der Beschlag der Spitze einer Schwertscheide, aus der Zeit von ca. 200 n.Chr. gefunden, auf der sich auf der Vorder- und der Rückseite je eine Runeninschrift befindet.

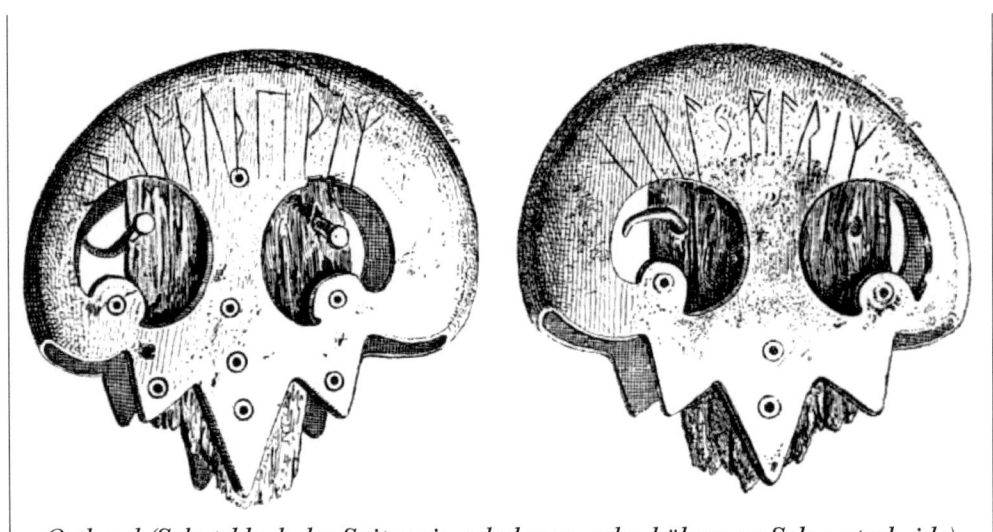

Ortband (Schutzblech der Spitze einer ledernen oder hölzernen Schwertscheide)
Germanen, Thorsberg bei Kiel, 200 n.Chr.

Die beiden Inschriften lautet: „*owlþuþewaR*" und „*niwajemariR*". Die beiden ersten Buchstaben der ersten der beiden Inschriften sind entweder vertauscht, sodaß die

Inschrift eigentlich „*wolþu þewaR – ni waje mariR*" lauten müßte, oder sie ist die Kurzform von: „*Othala wulþu þewaR – ni waje mariR*". Diese Worte haben folgende Bedeutung:

	Ortband-Inschrift von Thorsberg				
Othala	(Erbstück)	(Erbstück)	(Erbstück)	Erbstück des Ullr-Priesters	Erbstück des Ullr-Priesters, der einen tadellosen Ruf hat
wulþu oder *owlþu*	wulthu = Ullr	Diener des Ullr	Priester des Ullr		
þewaR	Diener, Sklave	(„Diener" = „Priester")			
ni	nicht	nicht	kein öffentlich bekannter Übeltäter	von tadellosem Ruf	
waje	schlimm, übel	bekannt für Schlimmes			
mariR	berühmt				

Dies Inschrift zeigt vor allem, daß Ullr um 200 n.Chr. ein wichtiger Gott gewesen sein muß, da er Priester und folglich auch einen Kult besessen hat. Wie die Schwertscheide mit dieser Inschrift zeigt, waren die Ullr-Priester bewaffnet – wie vermutlich alle Germanen.

Möglicherweise war Ullr zu dieser Zeit noch ein Beiname des Tyr. Dann wäre dieses Schwert eines Ullr-Priesters identisch mit dem Schwert des Göttervaters Tyr. Der Titel „Diener des Ullr" könnte daher nicht nur „Priester", sondern auch „Fürst" bedeutet haben, da der Fürst der Vertreter des Göttervaters ist. Schließlich könnte „Diener des Ullr" auch ein Personenname gewesen sein, sodaß der Besitzer dieses Schwertes weder ein Priester noch ein Fürst gewesen sein muß.

Ein solcher Personenname würde aber voraussetzen, daß es schon seit längerer Zeit entweder Ullr-Priester gegeben hatte oder aber die Auffassung der Fürsten als „Diener des Ullr". In beiden Fällen ergibt sich daraus wieder ein Kult des Tyr-Ullr, nur daß er dann bereits solange existiert haben müßte, daß „Ullr-Priester" bereits zu einem Personennamen hat werden können.

I 27. Die Eiben-Rune „Yr"

Da die Eibe der Baum des Ullr ist, könnten die Runensprüche zu der Rune „Yr", deren Name „Eibe" bedeutet, Informationen über den Gott Ullr enthalten.

In der Edda findet sich in „Odins Runengedicht", das ein Teil der Spruchsammlung „Havamal" ist, eine Strophe zu der Rune „Yr":

„Ein sechzehntes kann ich, will ich von schöner Maid
Lieb und Lust erlangen,
den Willen wand'le ich der Weißarmigen,
daß sich ihr Sinn ganz zu mir neigt."

Dieser Liebeszauber scheint zunächst einmal nichts mit dem, was sich in der bisherigen Betrachtung über den Gott Ullr ergeben hat, zu tun zu haben.

Ein Runenlied der Angelsachsen enthält in den Versen über die Rune Yr eine Beschreibung der Eibe:

„Yr (die Eibe) ist ein Baum mit rauher Rinde,
hart und fest in der Erde, von ihren Wurzeln gestützt,
ein Wächter der Flamme und eine Freude auf einem Grundstück."

Die Eibe wurde anscheinend allgemein als Freudebringer sowie als ein Beschützer vor Feuer auf dem Hof angesehen. Vielleicht ist mit „Wächter der Flamme" aber auch so etwas wie „Hüter des Heiligen Feuers im Tempel" gemeint – oder ganz profan „gutes Brennholz" …

Eiben sind tatsächlich so zäh und langlebig wie es in diesen Versen geschildert wird.

Auch in einem isländischen Runenlied wird in der Strophe über die Yr-Rune die Eibe beschrieben:

„Die Eibe ist der wintergrünste Baum;
sein Holz hat die Gewohnheit zu singen, wenn es brennt.
Yr ist der gespannte Bogen
und brüchiges Eisen
und der Riese des Pfeiles.
Eibenbogen."

Auch hier findet sich eine Assoziation zwischen der Eibe und dem Feuer. Die immergrünen Nadeln der Eibe könnten ähnlich wie die immergrüne Mistel bei den Kelten und das immergrüne Efeu bei den Griechen und den Thrakern ein Symbol für das in der Unterwelt verborgene Leben im Winter und somit für die Hoffnung auf einen neuen Frühling sein. Dies würde gut zu der Auffassung des Ullr als dem wiedergeborenen Göttervater Tyr passen.

Der *„Riese des Pfeiles"* ist eine Umschreibung für *„Bogen"*. Was mit dem *„brüchigen Eisen"* gemeint ist, ist hingegen unklar.

Der Bogen aus Eibenholz paßt gut zu dem Bogen-Asen, dessen Halle im Eibental steht – aber eine neue Information enthalten diese Verse leider nicht ...

I 28. Ullr-Kenningar

Die Germanen benutzten in ihren Dichtung sehr oft Umschreibungen, statt die Dinge „beim Namen zu nennen" – zumindest erscheint dies einem heutigen Leser zunächst einmal so. Da die Skalden jedoch stets Umschreibungen aus Mythen und Gleichnissen wählten, die ihren Zuhörern gut bekannt waren, sind diese Umschreibungen für die damaligen Zuhörer der Skalden keine „Rätsel" gewesen, sondern eher kunstvolle Assoziations-Auslöser. Dadurch haben diese Umschreibungen dieselbe Funktion wie Adjektive – sie bringen Farbe in die Beschreibung.

Heiti

Es gab zwei grundlegende Arten von Umschreibungen. Die einfachere von ihnen hieß „Heiti" („Name"). Bei ihr wurde ein Wort durch ein ähnliches ersetzt: z.B. „Kessel" durch „Becher", „Schiff" durch „Baum" oder „Hügelgrab" durch „Berg".

Kenning

Die komplexere Form der Umschreibung benutzte zwei Worte und wurde „Kenning" („Gekennzeichnetes") genannt. Mithilfe einer Kenning war das Wecken von differenzierteren Assoziationen möglich. Beliebte Kenningar waren z.B. „Walstraße" für „Meer", „Wogenroß" für „Schiff", „Schulterklippe" für „Kopf", „Kinnwald" für „Bart", „Stirnsterne" für „Augen", „Kampfgänse" für „Pfeile", „Bienenwolf" für „Bär" und „Riesentöter" für „Thor".

Manche Kenningar benutzten auch Szenen aus den Mythen, sodaß diese Kenningar nur verständlich waren, wenn die Zuhörer die betreffende Mythe kannten. Solch eine Kenning ist z.B. „Verderben der Zwerge" für die Sonne, da die Zwerge zu Stein erstarrten, wenn die Sonne auf sie fiel.

In gewisser Weise zählt auch „Kampfgänse" als Umschreibung für „Pfeile" zu dieser Art von Kenningar, da diese Umschreibung nur verständlich wird, wenn man weiß, daß man für die Federn am Ende der Pfeile damals Gänsefedern benutzte.

Einige dieser Kenningar sind „Mehrfach-Kenningar", d.h. es wird eine Sache mit etwas zweitem umschrieben und die umschriebene Sache ist wiederum eine Umschreibung für das eigentlich Gemeinte. Ein Beispiel dafür ist „Ullrs Fahrzeug" für „Ullrs Schiff", womit schließlich „Schild" gemeint ist. Die Benutzung von „Fahrzeug" für „Schiff" ist eine „Heiti" – beide Dinge wurden aus Holz hergestellt. Solche komplexeren Kenningar funktionierten natürlich nur, wenn die von den Skalden benutzte Kenning („Ullrs Fahrzeug") eine Kenning umschrieb, die bereits allen geläufig war („Ullrs Schiff"), sodaß alle Zuhörer sofort über diese zweistufige Assoziation zu dem Gemeinten fanden („Schild").

Tvikent

Wenn die erste Umschreibung in einer Doppel-Kenning ebenfalls eine Kenning war, ergaben sich dadurch Umschreibungen aus drei Worten wie z.B. „Fütterer der Kriegs-Möwen" für „Fütterer der Raben" für „Krieger" (die Raben waren Aasfresser).

Solche Kenningar heißen Tvikent („doppelt Gekennzeichnetes").

Rekit

Wenn in einer solchen Kenning mehr als drei Worte benutzt wurden, hießen sie „Rekit" („Getriebenes" = „Ausgeweitetes"). Mehr als sieben Worte für eine einzige Kenning zu benutzen wurde von den Skalden im Allgemeinen nicht mehr als gut verständlich angesehen – den Rekord hält eine Kenning aus neun Worten.

Nygervingar

Die Kenningar konnten zu lebhaften Bildern ausgebaut werden und wurden dann „Nygervingar" („Neuschöpfung") genannt.

In der Nygervingar „Schilde wurden unter den harten Füßen der Griffe niedergetreten" ist der „Fuß des Griffes" die Schwertklinge – die Kenning beschreibt also einen siegreichen Kampf.

Eine ganz ähnliche Nygerningar ist „die Wund-See brandete an die Landzungen der Schwerter", in der „Wund-See" Blut bezeichnet und die „Landzungen der Schwerter" die Schwertklingen sind. Auch diese Kenning beschreibt einen Kampf.

Dichtkunst der Skalden		
Element	**Beispiel**	
	Skaldenformulierung	*Bedeutung*
Heiti	„Berg"	„Hügelgrab"
Kenning	„Wogenroß"	„Schiff"
mythologische Kenning	„Verderben der Zwerge"	„Sonne"
doppelte Kenning	„Ullrs Fahrzeug"	„Ullrs Schiff" = „Schild"
Tvikent (3 Worte)	„Fütterer der Kriegsmöwen"	„Fütterer der Raben" = Krieger"
Rekit (3-7 Worte)	„Fäller des Lebensnetzes der Götter der Flucht-Landzungen"	„Töter der Riesen" = „Thor"
Nygervingar (komplexes Bild)	„die Wund-See brandete an die Landzungen der Schwerter"	„Blut an den Schwertklingen" = „Kampf"

Mit dem Gott Ullr waren nicht nur die Kenningar verbunden, die ihn selber beschreiben wie „Sohn der Sif", „Gott der Schneeschuhe" oder „Gott des Schildes", sondern auch Kenningar, die den Namen des Ullr benutzen, um etwas anderes zu umschreiben.

Eine Übersicht über alle mit Ullr verbundenen Kenningar zeigt, welche Assoziationen um 1200 n.Chr. am engsten mit Ullr verbunden waren – und welche Dinge so oft in den Dichtungen der Germanen vorkamen, daß für sie Kenningar erfunden wurden.

1. Ullr = Ase

Ase	*Ullr*		Kalfr Hall-Sohn	Katrinardrapa
			Einarr Klingel-Waage Helga-Sohn	Vellekla
			Thjodolfr Arnor-Sohn	Bruchstücke
			Thjodolfr von Hvini	Haustlöng
			Sturla Thordar-Sohn	Hrynhenda
			Thordr Kolbein-Sohn	Eiriksdrapa
			Rögnvald-Jarl Kali Koll-Sohn	Lausavisur
			Hallvardr Weiß-Strähne	Knutsdrapa
			Hallar-Steinn	Rekstefja
			Eyvindr Skalden-Verderber Finn-Sohn	Lausavisur (2x)
			anonym	Leidarvisan
				Lidsmannaflokkr
				Gydingsvisur
			Bjarni Bischof Kolbein-Sohn	Jomsvikingadrapa (2x)
			Einarr Klingel-Waage Helga-Sohn	Hakonardrapa
				Vellekla(2x)
			Hallfrexr Ärger-Skalde Ottar-Sohn	Hakonardrapa
Baldur	*Ullrs Freund*		anonym	Wegtam-Lied

2. Ullr = Mann

Krieger	*Schwert-Ullr*		Einarr Schreihals Helgason	Vellekla
	junger Ullr des Klingen-Sturmes		Bjarni Bischof Kolbeinsson	Jomsvikinga-drapa
	mutiger Ullr des Schild-Donners		Bjarni Bischof Kolbeinsson	Jomsvikinga-drapa
	grimmiger Ullr des Spitzen-Kampfes	Spitze = Waffen-Spitze	anonym	Lidsmannaflokkr
	Ullr des Speer-Watens	im Blut waten	Einarr Schreihals Helgason	Hakonar-drapa
	Ullr der Sorge des Kampf-Gatters	Kampf-Gatter = Schild	Einarr Schreihals Helgason	Vellekla

Krieger	*Ullr des Schlachten-Lauchs*	Lauch = Schwert	Eyvindr Skalden-Verderber Finnsson	Lausavisur
	Ullr der Wunden-Flamme	Flamme = Schwert	Rögnvald-Jarl Kali Kolsson	Lausavisur
	Ullar des Walls des Hedinn	Wall = Schild	Einarr Schreihals Helgason	Vellekla
	Eschen des Ullr	Esche = Mann	Hallfredr Ärger-Skalde Ottar-Sohn	
See-männer	*die Ullar des Wogen-Tieres*	Ullar = Plural von Ullr (Gott) = Männer; Wogen-Tier = Schiff	Kalfr Hallsson	Katrinar-drapa
Mann (reich)	*Ullr der Feuer des Flusses*	Ullr = Ase = Mann; Feuer des Flusses = Gold	anonym	Leidarvisan

3. Schiff des Ullr = Schild

Schild	*Schiff des Ullr*		Eyvindr Skalden-Verderber Finnson	Lausavisur
			Sturla Thordarson	Hrynhenda
			Thodolfr Arnorsson	Fragmente
			Hallar-Steinn	Rekstafja
			Snorri Sturluson	Skaldskaparmal
Schild	*Eschen-Schiffe des Ullr*		Snorri Sturluson	Skaldskaparmal
Schild	*kahles Schiff des Bogen-Gottes*		Sturla Thordarson	Hakonarkvida
Kampf	*Sturm der Schiffe des Ullr*		Thodolfr Arnorsson	Bruchstücke
Kampf	*Schnee-Böen der Eschen-Schiffe des Ullr*	Schnee-Böen = Pfeil-Hagel	Snorri Sturluson	Skaldskaparmal
Kampf	*Sturm des Schiffes des Ullr*		Hallar-Steinn	Rekstefja
Arm	*Berg des Schiffes des Ullr*	Berg = Bizeps => Schild-Arm	Eyvindr Skalden-Verderber Finnson	Lausavisur
Krieger	*der über den Sturm des Schiffes des Ullr Unbekümmerte*		Hallar-Steinn	Rekstefja

4. Ullr = Kampf-Gott

Kampf	*Sturm des Ullr*	Ullr: Gott der Bögen und Schilde	anonym	Gydingsvisur
Mann	*Ullrs Eschen-Krieger*	Esche = Mann; und: Esche = Bogen	Hallfredr Ärger-Skalde	(Skaldskapar-mal)

5. Norwegen = Ullrs Land

Norwegen	*Ullrs Land*		Thordr Kolbein-Sohn	Eiriksdrapa

In diesen Kenningarn erscheint Ullr vor allem als kriegerischer Schildgott. Die Vielzahl der Schild-Kenningar ist auffällig, da ein Krieger schließlich auch Angriffswaffen wie Schwert und Speer benutzt. Mit Ullr wurde jedoch vor allem der Schild assoziiert, der auffälligerweise so gut wie nie mit anderen Göttern verbunden wurde. Ullr ist im Bewußtsein der Germanen um 1200 n.Chr. demnach vor allem ein Schild-Gott gewesen.

Diese feste Assoziation zwischen dem Gott Ullr und dem Schild paßt gut zu dem Schild auf dem geweihten Ritualkessel, der dem Ullr geweiht war – er wird im Grimnir-Lied beschrieben.

Eine der beliebtesten Assoziationen im Zusammenhang mit Ullr ist die zwischen seinem Schild und einem Schiff. Da Ullr in der Gesta danorum einen magischen Knochen besitzt, mit dessen Hilfe er wie in einem Schiff über Wasser fahren kann, liegt die Assoziation zwischen dem Schild und dem Schiff möglicherweise nicht nur darin begründet, daß beides aus Holz ist.

Wie Freyrs Skidbladnir zeigt, ist das „magische Schiff" (aus Fell oder aus Knochen) ein Jenseitsreise-Fahrzeug. Das Standard-Gleichnis für alle Jenseitsreisen ist der tägliche Weg der Sonne durch das Tages-Diesseits und das Nacht-Jenseits. Dies würde einen Vergleich zwischen dem „magischen Schiff" und dem Ullr-Sonnenschild nahelegen. Die Kenning „Ullrs Schiff" wäre dann eine mythologische Anspielung darauf, daß der Sonnenschild (Sonnenscheibe) auf dieselbe Weise über den Himmel fährt wie Ullr in seinem magischen Knochen-Schiff. Vermutlich fuhr Ullr als der nächtliche Sonnengott-Göttervater in seinem Sonnenschild oder als dieser Sonnenschild durch die Unterwelt.

Dieselbe Assoziation zwischen Schiff und Jenseitsreise findet sich auch in der Benennung der Langschiffe der Wikinger als „Drachenschiffe", da die Drachen/Schlangen Symbole des Jenseitsweges und der Menschen auf diesem Weg waren.

Vermutlich wurde Ullr als der Sonnengott-Göttervater in der Unterwelt auch dann noch mit dem (Sonnen-)Schild assoziiert, als den Germanen gar nicht mehr bewußt war, daß dieser Schild des Ullr eigentlich die Sonne/Tyr in der Unterwelt war.

Tyr/Ullr als Göttervater wird vermutlich auch die Gottheit gewesen sein, die man anrief, um Gerechtigkeit zu erlangen, da der oberste Gott in allen Mythologien so gut wie immer auch der Erhalter der Richtigkeit und später dann der Erhalter der Gerechtigkeit ist – der „gute Vater". Aus dieser Eigenschaft des Tyr/Ullr könnte der in „Gylfis Vision" berichtete germanische Brauch, Ullr vor Zweikämpfen um Hilfe anzurufen, entstanden sein.

Die Auffassung des Ullr als den Winter/Unterwelt-Aspekt des Tyr wird auch dadurch bestätigt, daß man Norwegen „Ullrs Land" nennen konnte, denn eine solche Kenning ergibt nur bei dem Göttervater oder bei der Erdgöttin (Skadi => Skandinavien) einen Sinn.

II Brakteaten

Brakteaten waren dünne, geprägte Goldplättchen, die in der Zeit von 400-600 n.Chr. von den Germanen als Amulett getragen oder einem Toten ins Grab mitgegeben wurden.

Auf einem dieser Brakteaten ist ein Bogenschütze zu sehen, der Ullr sein könnte, da es sich bei diesen Brakteaten um Amulette handelt.

Brakteat, 400-600 n.Chr.

Vor dem Bogenschützen ist eine Swastika (Sonnensymbol) und ein Kind (Daumen im Mund) zu sehen. Sonne und Kind könnten zusammen die wiedergeborene Sonne darstellen. Der Bogenschütze erweckt auf diesem Bild den Eindruck eines „helfenden Begleiters", d.h. evtl. eines Priester-Schamanen. Diese Funktion könnte mit Ullr assoziiert worden sein, der ja, wie sein magisches Schiff, das aus einem mit Runen beschriebenen Knochen besteht, auch die Jenseitsreise beherrscht.

Vor dem Bogen sind zwei vierbeinige Tiere zu sehen, die Wölfe sein könnten. Dies sind evtl. die beiden „Alcis" genannten Pferdesöhne des Tyr, die später zu Odins Wölfen wurden. Auch von ihnen ist bekannt, daß sie ins Jenseits reisen konnten.

Links ist ein weiteres Tier zu sehen, das dreibeinig ist. Fals dieses Tier nicht einfach aus Platzmangel nur drei Beine hat, könnte es sich um Hels dreibeiniges Pferd handeln.

Ganz links ist ein Hörnern-tragendes Tier zu sehen, das ebenfalls nur drei Beine hat – was Platzmangel als Erklärung recht unwahrscheinlich macht. Es könnte sich bei ihm um ein Opfertier handeln.

Die Gesamtszene läßt sich am ehesten als Jenseitsreise auffassen.

III Die Goldhörner von Gallehus

Die Goldhörner von Gallehus (Dänemark) wurden um 400 n.Chr. von den Germanen angefertigt, was sich daran erkennen läßt, daß sie einen in Runen geschriebenen „Firmennamen" tragen:

„Ich, Hlewagastiz („der berühmte Gäste hat") Holtijaz („der zu Holt Gehörige"), machte das Horn."

Diese Art von goldenen Trinkhörnern, die wohl vor allem zum Trinken des Mets in Zeremonien bestimmt waren, wird auch im Atli-Lied erwähnt, das aus ungefähr derselben Zeit stammt wie die Goldhörner von Gallehus. Die dort beschriebene Szene scheint einen Beschluß zu besiegeln oder einen Abschied anzukündigen. Offensichtlich erhob man sich zum Trinken aus diesen Hörnern.

Gunnar gebot da, so gebührt es dem König,
Munter beim Mahl aus mutiger Seele:
„Steh nun auf, Fiörnir, laß um die Sitze kreisen
Der Helden Goldhörner durch die Hände der Knechte."

Auf den beiden goldenen Hörnern von Gallehus wird mit vielen Bildern jeweils die Einweihung, d.h. die Jenseitsreise eines Fürsten bei seiner Krönung beschrieben.

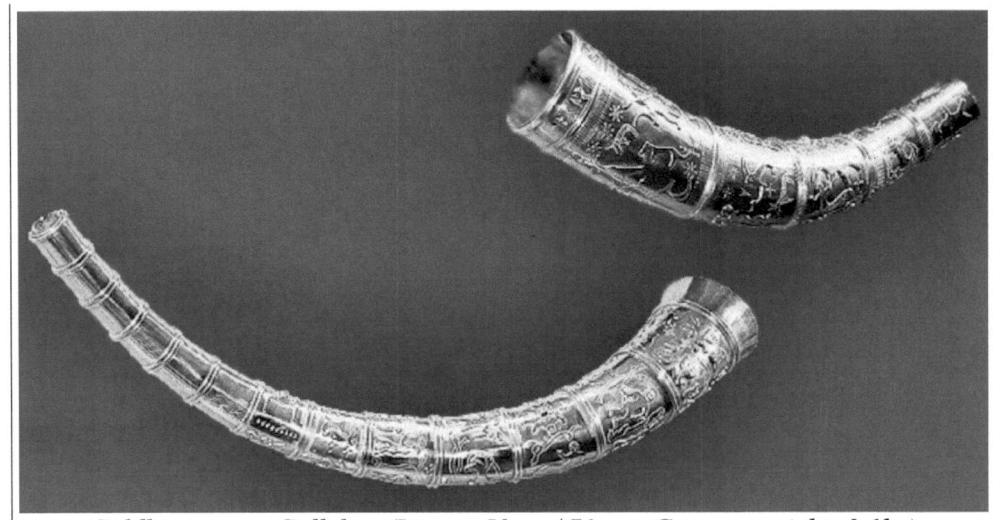

Goldhörner von Gallehus (Länge: 52cm / 71 cm; Gesamtgewicht: 3,1kg)

links der Sonnengott, rechts der Mondgott; Gallehus, 400 n.Chr.

Umzeichnung

Das in Bezug auf Ullr interessanteste Bild auf den beiden Goldhörnern ist die Darstellung des Sonnengott-Göttervaters Tyr im Jenseits mit einem Sonnenschild in seiner Hand. Er ist an seinem Schwert und vor allem an der Sonne auf seiner Brust (und auf den Genitalien) gut zu erkennen.

Der Gott rechts neben ihm trägt auf seiner Brust und auf seinen Genitalien einen Kreis. Es wäre denkbar, daß dies die Nachtsonne und somit Tyr in der Unterwelt ist, aber da in den germanischen Mythen Sonne und Mond als Geschwister auftreten, erscheint es wahrscheinlicher, daß diese zweite Gestalt der Mondgott ist.

Beide Gestalten tragen einen Halsring (Draupnir), der sie als Wesen kennzeichnet, die Kontakt zum Jenseits haben. In der frühen Bilderwelt der Kelten trugen auch die Götter selber einen Torque, sodaß es gut denkbar ist, daß der Halsring um 400 n.Chr. bei den Germanen auch noch als Kennzeichen einer Gottheit gebraucht werden konnte.

Halsringe (Torques) bei keltischen Gottheiten
(Kessel von Gundestrup, 400 v.Chr.)

Jenseitsgöttin mit Priesterinnen und Seelenvögeln	*Gott mit einem lebenden und einem toten Mann sowie einem Reiter (Schamane)*	*Göttin mit zwei Männern*	*Gott mit zwei Hippokampen und einem Doppelwolf*

Der Sonnenschild des Tyr könnte so prägend für den Gott Tyr gewesen sein, daß dieser Schild einen Beinamen entstehen ließ: Ullr – „der Glänzende". Der Name „Ullr" hätte dann zunächst den Sonnenschild des Gottes Tyr, also die Sonnenscheibe bezeichnet, dann den Gott Tyr selber, bis dann schließlich aus diesem Beinamen ein selbständiger Gott geworden war: Ullr.

Die Assoziation zwischen der Sonnenscheibe, dem Götter-Ring und dem Sonnen-Schild reicht vermutlich bis zu den gemeinsamen Vorfahren von Germanen, Kelten und Römern zurück, also bis ca. 1.800 v.Chr. Aus dem Ring-Symbol ist dann durch Kombination mit dem Kreuz der vier Richtungen, das ebenfalls ein Sonnensymbol gewesen ist, das Draupnir-Kreuz und das „keltische Kreuz" entstanden.

Auf den beiden Hörnern von Gallehus finden sich auch drei Darstellungen von Bogenschützen (zum leichteren Auffinden eingekreist), die an den betreffenden Stellen weder jagen noch kämpfen. Der Bogen in der Hand dieses Mannes muß daher eine symbolische Bedeutung haben. Es ist zumindestens gut denkbar, daß er den Schamanen kennzeich-net und mit dem Bogen-Asen Ullr verwandt ist.

Dies würde gut zu der Auffassung des Ullr als „Tyr im Jenseits" passen, da die Hauptaufgabe des Schamanen die Jenseitsreise ist und der Göttervater Tyr/Odin derjenige war, zu dem der Fürst bei seiner Krönung ins Jenseits reiste, um dort von ihm einen Segen zu erhalten, d.h. als Sohn wiedergeboren bzw. in späteren Fassungen dieses Rituals als Sohn angenommen zu werden.

Auf dem kleinen Horn ist in der zweitobersten Zeile rechts auch die dreifache Göttin (drei Nornen) zu sehen.

Auf dem dritten Streifen von oben links ist die Wiederzeugung dargestellt worden, die auch auf dem großen Goldhorn in der dritten Zeile von oben auf der rechten Seite abgebildet ist.

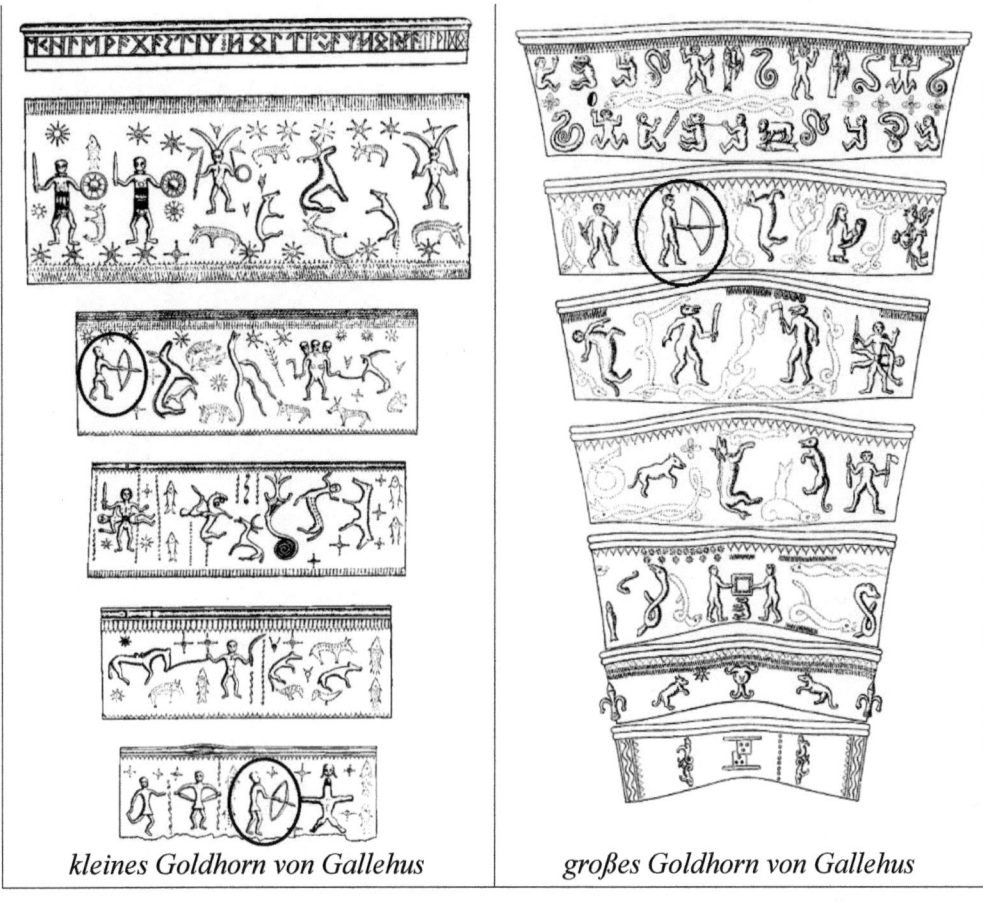

kleines Goldhorn von Gallehus   *großes Goldhorn von Gallehus*

Auf dem kleineren Goldhorn (links) ist in der obersten Zeile halbrechts möglicherweise der „Sonnenhirsch" zu sehen.

Eine ausführliche Darstellung und Deutung der beiden Goldhörner findet sich in Band 57 „Die Einrichtung des Tempels".

IV Der Runenstein von Böksta

Die einzige germanische Darstellung des Gottes Ullr findet sich auf dem Runenstein von Böksta in Südostschweden.

Runenstein von Böksta, Provinz Uppsala, Südostschweden, ca. 1050 n.Chr.

Die Inschrift auf diesem Stein lautet:

"Ingi-... und Jogerdr, sie haben diesen Stein im Gedenken an Eistr, ihren Sohn, errichtet; Ernfastr und seine Brüder errichteten ihn im Gedenken an ihren Bruder."

Offensichtlich ist der Mann Eistr gestorben (möglicherweise auf Wikinger-Raubfahrt), woraufhin ihm sein Vater Ingi-... (hier fehlt ein Teil der Inschrift), seine Mutter Jogerdr, sein Bruder Ernfastr (der älteste der Brüder?) und seine weiteren Brüder diesen Gedenkstein errichtet haben.

Die Bilder auf diesem Stein werden sich daher entweder direkt auf Eistr beziehen oder Wünsche seiner Eltern und Brüder für ihn darstellen.

Die Runen wurden auf vielen Runensteinen auf den Leib einer Schlange graviert. Da die Schlange ein „Tier der Erde" ist, ist sie in den Mythen fast aller Völker auch ein Symbol für den Weg in die Unterwelt. Sie ist somit die geeignete Botin, um die „Grüße" der Hinterbliebenen zu dem Verstorbenen zu bringen.

Unten in der Mitte ist ein Drache zu sehen, dessen vielfach geschlungener Leib geradezu einen Knoten bildet. Wenn man den Bogen des Schlangenkörpers ganz unten in der Mitte betrachtet, wird deutlich, daß dieser Leib zu dem nach oben blickenden Drachenkopf läuft – Drache und Schlange sind also dasselbe Wesen. Der Drachenschwanz und vermutlich zwei „Tentakel" an dem Drachenkopf bilden einen komplexen „Knoten".

Über dem Drachen ist ein Reiter mit Speer zu sehen. Dies könnte entweder der tote Eistr selber oder der Speergott Odin sein. Die beiden Wölfe vor dem Reiter sprechen dafür, daß es sich um Odin handelt, auch wenn sein Pferd keine acht Beine hat. Er erscheint hier vermutlich in seiner Schamanenfunktion, d.h. als Jenseitsführer.

Odin und seine beiden Wölfe Geri und Freki jagen ein Tier, das ein Hirsch oder ein Pferd sein könnte. Die Länge der sechs Linien, die von seinem Kopf aus nach hinten gehen, sehen eher wie ein Hirschgeweih aus als wie eine Pferdemähne. Das Erlegen eines Hirsches ist auch deutlich wahrscheinlicher – es wird nicht viele wilde Pferde in Schweden gegeben haben, auf die man hätte Jagd machen können.

Dieser Hirsch könnte der Hirsch sein, der bei der Bestattung des Eistr für diesen getötet wurde, um die Zeugungskraft des Hirsches auf Eistr zu übertragen. Symbolisch wurde dieser Hirsch offenbar von Odin für Eistr gejagt.

Diese Jagd des Hirsches, der anschließend geopfert wurde, wurde offenbar fest mit Odin assoziiert, denn in seinen Mythen treten mehrfach Hirschjagden auf. Auch die „Wilde Jagd", die eng mit Odin verbunden ist, wird auf diese Mythe zurückgehen.

Da Odin seine Position und viele seiner mythologischen Elemente von seinem Vorgänger Tyr übernommen hat, ist es gut denkbar, daß diese Hirschjagd einst mit Tyr verbunden gewesen ist, der in dieser Funktion der Jagdgott Ullr war.

Die Entwicklung der Hirschjagd-Mythe könnte wie folgt ausgesehen haben:

\+	Entwicklung der Symbolik der Hirschjagd
Phase	*Symbolik*
1. Phase	Für die Wiederzeugung des Tyr wird bei dessen Tod im Spätherbst ein Hirsch gejagt und ihm geopfert. Auch bei Bestattungen von Menschen wird ein Hirsch gejagt.
2. Phase	Für die Wiederzeugung des Ullr als der Winter/Jenseits-Aspekt des Tyr wird bei dessem Tod im Spätherbst ein Hirsch gejagt und ihm geopfert. Auch bei Bestattungen von Menschen wird ein Hirsch gejagt.
3. Phase	Ullr jagt den Hirsch (symbolisch) bei der Bestattungen von Menschen.
4. Phase	Odin jagt den Hirsch (symbolisch) bei der Bestattungen von Menschen.
5. Phase	Odin als Hirschjäger aus Freude an der Jagd (z.B. bei Saxo grammaticus)
6. Phase	die „Wilde Jagd"

Auf dem Kopf des Hirsches sitzt ein Vogel und scheint ihn in den Kopf zu picken. Vielleicht stellen die sechs Linien auch das Blut des Hirsches dar – dann wäre „er" eine Hindin, was für ein Ritual zur Förderung der Zeugungskraft allerdings recht unpassend wäre ... Falls diese Linien Blut sein sollten, müßte es sich daher um einen Hengst und nicht um einen Hirsch handeln. Im Gegensatz zu dem eindeutig männlichen Pferd ist bei dem „Hirsch" kein Penis zuerkennen. Eine Stute ergibt im Zusammenhang mit der Wiederzeugung jedoch auch nur wenig Sinn. Auch die Wölfe Geri und Freki sind nicht als männliche Tiere zu erkennen.

Es wäre natürlich denkbar, daß der Graveur dieses „Detail" des Hirsches nicht für so wichtig gehalten hat, da er davon ausgehen konnte, daß alle Betrachter dieses Runensteines bereits wußten, was auf solch einem Stein dargestellt wurde. Da dieses Herdentier jedoch die Zeugungskraft des Toten sichern sollte, ist eine solche Ungenauigkeit jedoch merkwürdig – es sei denn, die gesamte Hirschsymbolik wäre nur noch eine unverstandene oder bereits umgedeutete Tradition gewesen.

Die wahrscheinlichste Deutung der Linien hinter dem Kopf des Tieres ist folglich das Hirschgeweih – durch das das Tier ausreichend als Hirsch (und nicht als Hindin) gekennzeichnet wäre.

Der Gott Ullr, der links unten auf Skiern und mit Pfeil und Bogen zu sehen ist, sollte her eigentlich der Vorläufer des Odin bei der Hirschjagd sein, an den man sich um 1050 n.Chr. offenbar noch erinnern konnte.

Möglicherweise findet hier gerade der Übergang von dem Hirschjäger Ullr zu dem Hirschjäger Odin statt, der diese Aufgabe möglicherweise deshalb von Ullr übernommen hat, weil Odin als Kriegsgott eng mit den Wikingern verbunden war, für die man diese Runensteine errichtete, wenn sie auf Raubfahrt getötet worden waren. Odin übernahm für die Krieger anscheinend auch alle rituellen Aufgaben, für die vorher andere Gottheiten zuständig gewesen sind.

Der Vogel auf dem Kopf des Hirsches könnte einer von Odins beiden Raben Hugin und Munin sein. Dann sollte der große Vogel, der rechts oben davonfliegt, eigentlich der zweite der beiden Raben sein. Dieser Vogel ist jedoch deutlich größer als der andere und könnte daher auch Odins Adler sein. Dieser zweite Vogel befindet sich auffälligerweise als einziges Motiv außerhalb des Schlangenkreises.

Aufgrund der Seelenvogelsymbolik könnte dieser Vogel auch die Seele des verstorbenen Eistr sein, die möglicherweise diesen Runenstein besucht hat und ihn nun verläßt (er ist außerhalb des Schlangenkreises) und in das Jenseits zurückkehrt. Der Vogel könnte aber auch einer von Odins Raben sein, der zu Eistr fliegt, um ihm etwas von Odin mitzuteilen.

Von der Größe des Vogels her sollte er entweder wirklich größer oder besonders wichtig sein. Im ersten Fall müßte er eher Odins Adler als Odins Rabe sein und im zweiten Fall müßte er den Seelenvogel des Eistr darstellen. Möglicherweise hat der Vogel aber auch alle drei Bedeutungen gleichzeitig: Rabe des Odin, Adler des Odin und Seelenvogel des Eistr.

V Ullr in dem Fürstengrab von Kivik

Der Faden, der sich bezüglich des Gottes Ullr in archäologischer Hinsicht noch weiter in die Vergangenheit zurückverfolgen läßt, ist sein Sonnenschild, das sich bei den späteren Germanen zu dem Ring Draupnir und dem Draupnir-Kreuz weiterentwickelt hat.

Da Ullr vor der Völkerwanderungszeit ein Beiname des Sonnengottes-Göttervaters Tyr, aber noch kein selbständiger Gott gewesen ist, ist diese „Sonnenschild-Wurzel" des Gottes Ullr identisch mit dieser Wurzel des Gottes Tyr.

Die nach den Runensteinen nächstältere Darstellung des Draupnir-Kreuzes, auf man stößt, wenn man in der Zeit weiter zurückgeht, findet sich in dem Hügelgrab von Kivik in Südostschweden, in dem um ca. 1.000 v.Chr. ein Fürst bestattet wurde.

seitliche Steinplatte aus dem Hügelgrab eines Fürsten
Kivik, Schweden, 1.000 v.Chr.

In diesem Grab sind auf einer der seitlichen Steinplatten zwei Sonnensymbole zu sehen, die die Vorgänger der Draupnir-Kreuze gewesen sind. Die Zweizahl der Kreuz-Kreise könnte Sonnenuntergang/Tod und Sonnenaufgang/Wiedergeburt symbolisieren.

Aus den übrigen Bildern in dem Grab ergibt sich, daß die beiden Ω-artigen Symbole über den Sonnenzeichen wahrscheinlich das Tor zum Jenseits sind. Vermutlich wurde dieses Zeichen auch als der Schoß der Jenseitsgöttin betrachtet, die die Sonne und die Toten wiedergebar.

VI Ullr und der Sonnenwagen von Trundholm

Die bekannteste Darstellung der Sonnenscheibe ist sicherlich die, die auf dem Sonnenwagen von Trundholm aufgestellt worden ist. Sie stammt von ca. 1.400 v.Chr, also aus einer recht frühen Zeit der germanischen Kultur, die sich noch nah an der Kultur der ursprünglichen Indogermanen befindet.

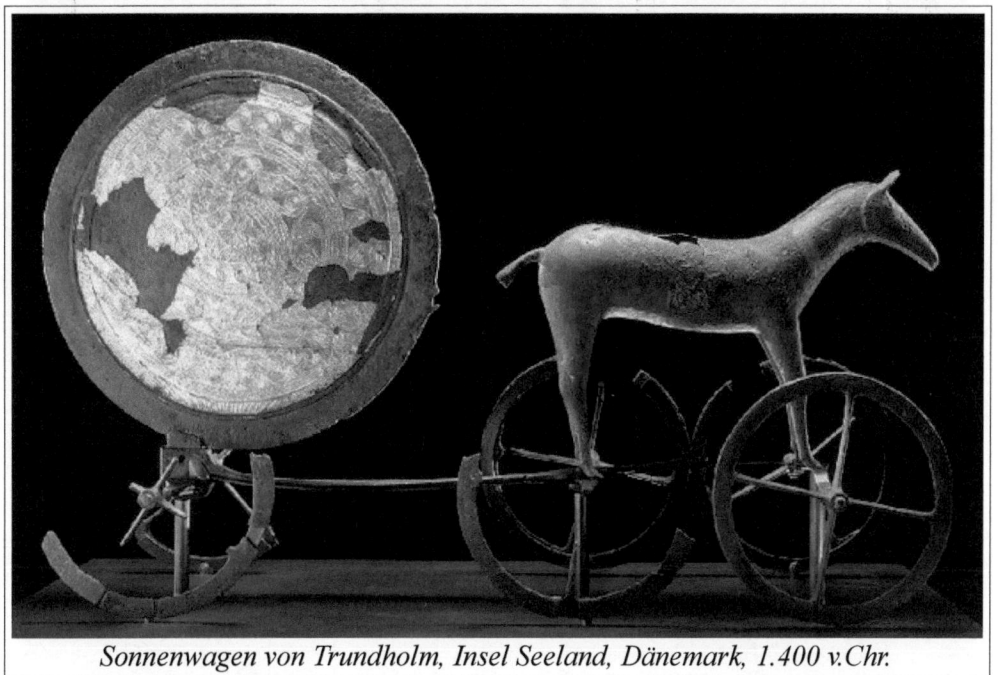

Sonnenwagen von Trundholm, Insel Seeland, Dänemark, 1.400 v.Chr.

VII Ullr in den germanischen Steinritzungen

Der Kreuz-Kreis als Sonnensymbol ist auch schon aus der frühesten Zeit der Germanen bekannt und findet sich bereits auf den südschwedischen Felsritzungen, die in der Zeit zwischen 1.800 v.Chr. und 500 v.Chr. angefertigt wurden. Die Herstellung dieser Felsritzungen und die in ihnen dargestellten Motive waren folglich ein Teil des Weltbildes des Schmiedes, der um 14.00 v.Chr. den Sonnenwagen von Trundholm angefertigt hat und auch der Steinmetze, die um 1000 v.Chr. die Steinplatten in dem Fürstengrab von Kivik hergestellt und mit Gravuren versehen haben.

Kreis mit Kreuz: Sonnensymbol	*Kreis mit Kreuz (Sonne) neben einer großen Gestalt (Tyr?); rechts Thor mit Hammer*	*Kreis mit Kreuz über einem Schiff*
Kreise mit Kreuz mit Mittelpunkt	*Kreis mit Kreuz mit Mittelpunkt*	*Kreis mit Kreuz: Sonne*
„achtspeichiges Rad": achtfach geteilter Kreis, vermutlich ein Sonnensymbol	*von 16 Kreisen umgebenes Sonnensymbol*	*Gruppe von Sonnensymbolen*

VIII   Der Name „Ullr"

Die Bedeutung des Namens „Ullr"

Der altnordische Göttername „Ullr" lautete im frühen Germanischen „Wulthuz". Seine Bedeutung ist „Glanz, Ruhm". Die Bedeutung „Ruhm" wird eine naheliegende Sekundärbildung zu „Glanz" gewesen sein, die z.B. dadurch entstanden sein könnte, daß die Götter, Fürsten und Helden immer wieder der Sonne verglichen wurden. „Wulthuz" im Sinne von „Ruhm" könnte daher ursprünglich „sonnengleich" bedeutet haben. „Ruhm" ist sozusagen „sozialer und politischer Glanz".

Altenglisch

In der altenglischen Sprache bedeutet „wuldor" ebenfalls „Ruhm". Dieser Begriff taucht auffallend häufig in Kenningarn für den christlichen Gott auf wie z.B. „wuldor-father" („Ruhm-Vater") oder „wuldor al-wealda" („Ruhmreicher Allbeherrscher"). Diese häufige Verwendung von „wuldor" in den Kenningar für den christlichen Gott Vater könnte darauf zurückzuführen sein, daß „wuldor" sowohl den Ruhm als auch den „sonnengleichen" Gott Ullr bezeichnete und die Verwendung dieses Namens/ Wortes in Bezeichnungen für den christlichen Gott daher sehr naheliegend war – einfach weil „Ullr" zugleich „Ruhm" und „Gott" bedeutete.

Ein weiterer Grund wird ein, daß sowohl Gott Vater als auch Christus sehr oft der Sonne (und somit Tyr/Ullr) verglichen worden sind.

Kelten

Die Kelten kannten einen Gott, König oder Helden mit dem Namen Uillin, der dem Namen des germanischen Gottes Ullr recht ähnlich klingt. Er war der Enkel des Gottes Nuada, der wie Tyr ein einarmiger Schwert- und Sonnengott ist – sowohl Nuada als auch Tyr sind eine Weiterentwicklung des indogermanischen Göttervater Dyaus. Die Wahrscheinlichkeit ist daher sehr groß, daß Uillin und Ullr identisch sind.

Diese spezielle Übereinstimmung zwischen Kelten und Germanen liegt vermutlich darin begründet, daß es das Motiv des Sonnenschildes, das in etwa den Namen „wul" („Leuchtendes") getragen haben könnte, bereits um 1.800 v.Chr. gegeben hat, als sich die Germanen von den gemeinsamen Vorfahren der Kelten und Römer getrennt haben. Zu dieser Zeit müßte es dann schon eine recht ausgeprägte Sonnenschildsymbolik gegeben haben, die sich dann bei den Germanen zu Ullr und bei den Kelten zu Uillin weiterentwickelt und verselbständigt hat.

Es wäre natürlich auch denkbar, daß „wul" zunächst die Sonnenscheibe bezeichnete und erst später bei den Germanen zum Sonnenschild des Ullr geworden ist. Die Wichtigkeit der Sonnenscheibe an sich ist jedoch klar an den frühen germanischen Felsritzungen erkennbar.

Der keltisch-irischen Überlieferung zufolge soll Uillin ein irischer König gewesen sein. In dem Text heißt es:

Uillin, Enkel des Nuada mit der silbernen Hand, König von Irland zwölfhundert Jahre vor Christi Geburt, besiegte in einer Schlacht Orbsen MacAlloid, der allgemein wegen seines Geschickes in der Schifffahrt Manannan („der Mann von der Insel Man") MacLir („Sohn des Meeresgottes Lir") genannt wurde, und befahl ihn zu töten.

Uillin erscheint in dieser Sage als der Mörder des Lir, der der keltische Gott des Meeres und der Unterwelt war. Der Name des Nuada, dessen Enkel Uillin war, setzt sich aus „Nua-da" zusammen, daß auf „Nua-dyaus" zurückgeht und „Göttervater im Wasser (Wasserunterwelt)" bedeutete. Die Zeitangabe *„zwölfhundert Jahre vor Christi Geburt"* ist wohl nur als „vor langer Zeit" aufzufassen.

Auch der keltische Gott der Richtigkeit, also der „keltische Baldur" ist eng mit der Sonne verbunden: der Sonnengott Lugh.

Uillin könnte ursprünglich wie Ullr ein Jenseitsgott gewesen sein.

Slawen

Auch von den Slawen, die sich um ca. 1.900 v.Chr. von den gemeinsamen Vorfahren der Germanen, Kelten und Römer getrennt haben, ist ein Gott bekannt, der einen Namen trägt, der dem des Ullr und des Uillin und noch stärker dem älteren „Wuldor" ähnelt. Er wird Veles, Velnius, Velnias, Volos, Welos oder Welnos genannt. Die Stammsilbe in diesem Namen ist „Vel", „Wel" oder „Uel" – die drei Buchstaben „w", „v" und „u" sind, wenn sie am Anfang eines Wortes stehen, kaum unterscheidbar.

Der slawische Gott Veles war der Gott der Rinder und der Beschützer der Herden. Veles war auch der Gott der „Schatten", d.h. der „Totengeister". Diese beiden Funktionen sind letztlich dasselbe, weil die Slawen sich die Toten im Jenseits als Stiere und Kühe vorstellten. Der Grund für diese Vorstellung ist der Brauch, für die Toten bei ihrer Bestattung ein Rind zu opfern und sie in das Fell des Rindes einzuhüllen. Veles ist somit der Totengott oder zumindestens ein „Gott im Jenseits".

Er hatte die Gestalt einer Schlange oder eines Drachen und er hatte Stier- oder Ziegenhörner sowie einen langen Bart. Seine Schlangengestalt kennzeichnet ihn als einen Gott, der den Weg in die Unterwelt kennt. Seine Hörner zeigen, daß er ein „Stier-Mann", d.h. ein Ahn im Jenseits ist.

Diese bisherigen Eigenschaften passen alle recht gut zu Ullr. Veles hat jedoch auch einige ganz andere Eigenschaften als Ullr. Der slawische Drachengott führt einen endlosen Kampf mit dem Donnergott Perun und nimmt daher die Position ein, die bei den Germanen die Midgartschlange und die Riesen innehaben. In den slawischen Mythen kriecht Veles den Weltenbaum hinauf und raubt Perun die Frau, die Söhne und die Rinder – dies erinnert an den Kampf zwischen Baldur und Hödur um die Königstochter Nanna in der Gesta danorum des Saxo grammaticus.

Am Ende erschlägt Perun den Veles jedoch stets mit seinen Blitzen, woraufhin die Frau, die Söhne und die Rinder des Perun wieder frei werden und es zu regnen beginnt.

Veles wurde von den Slawen entsprechend seinem auf die Unterwelt bezogen Charakter in den Ebenen verehrt und der Donner- und Regengott Perun auf den Bergen.

Der Kampf des Donner- und Regengottes gegen die Regenräuberschlange, die die sommerliche Dürre verursacht, ist ein weitverbreitetes mythologisches Thema bei den indogermanischen Völkern. Veles hat bei den Slawen dieselbe Unheilstifter-Rolle wie Loki bei den Germanen. Wie Loki ist Veles auch der Gott der Magie. Diese Rolle ist bei Veles so ausgeprägt, daß er der „Großvater der Zauberer" genannt wird und sich sogar die slawische Bezeichnung für Zauberer („Volhov") von seinem Namen ableitet.

Ullr hat bei den Germanen zwar einen anderen Charakter als Veles, aber er wird zumindestens als der Sohn des Loki angesehen.

Die Namen „Ullr/Wuldor", „Uillin" und „Veles" sind von ihrer Stammsilbe „wel" her so ähnlich, daß sie sehr wahrscheinlich auf denselben indogermanischen Gott zurückgehen werden.

Um die frühe Geschichte des Gottes „wel" herauszufinden, ist es daher zunächst einmal notwendig, nach weiteren „wel"-Göttern bei den übrigen Indogermanen zu suchen.

Balten

Bei den Balten, die den Slawen am nächsten verwandt sind, gibt es den gehörnten Gott Velnias, der mit dem Donnergott Perkunas kämpft. Im Gebiet der Balten fließt ein Fluß mit dem Namen Vilnius, dessen Namen möglicherweise auch auf die Wurzel „wel" zurückgeht.

Der Kampf zwischen Veles/Velnias und Perun/Perkunas reicht daher mindestens bis zu der Trennung der Slawen und der Balten um 1.400 v.Chr. zurück.

Griechen

Die Griechen kannten zwar keinen „Wel"-Gott, aber sie kannten die Eleusinischen Felder, mit denen sie das Jenseits bezeichneten. Dort weideten die Verstorbenen in der Gestalt von Rindern. Dieses Motiv hat auch den Namen „Eleusinische Felder" entstehen lassen, der auf deutsch übersetzt „Rinderweide" bedeutet. Ein „Elys" ist im Griechischen ein Stier. Das Wort „Elys" stammt wie „Ullr" und „Veles" ebenfalls von der indogermanischen Wurzel „wel" ab.

Diese Rinderweiden und die Rinder auf ihnen gehörten dem Sonnengott Helios und dem Apollo, der der Gott der Richtigkeit und ebenfalls ein Sonnengott gewesen ist. Ihm entspricht bei den Germanen der Gott Baldur. Bei den Griechen besteht noch ein enger Zusammenhang zwischen dem „wel" und dem Sonnengott.

Der Ursprung des „wel"-Gottes scheint also im Jenseits bei den rindergestaltigen Ahnen oder dem Stier-gestaltigen Sonengott-Göttervater zu liegen. Dieses Motiv muß bis ca. 2.800 v.Chr. zu den gemeinsamen Vorfahren von Germanen, Kelten, Slawen, Balten und Griechen, also bis zu den ursprünglichen Indogermanen zurückreichen.

Inder

Auch die Inder zählen zu den indogermanischen Völkern. Im Rig-Veda, dem ältesten Buch der Inder, ist die ursprüngliche Mythologie der Indogermanen in weitgehend unveränderter Form erhalten geblieben.

In einer der ältesten Mythen befreit der Donnergott und Göttervater Indra den Regen und die Rinder aus einem Berg, in dem ihn die Schlange Vritra und deren Bruder Vala eingesperrt hatten. Die Namen dieser beiden Asuras („Riesen") stammen ebenfalls von der Wurzel „wel" ab.

Auch der Name des indischen Gottes Varuna ist aus der Silbe „wel" entstanden – „l" und „r" verwandeln sich in der Entwicklung von Sprachen des öfteren in den jeweils anderen Laut. Varuna war der Himmelsgott, das Himmelsmeer, das Gesetz, der Erhalter der Ordnung, die Unterwelt, der Drachenreiter, der Sonnengott und in sehr früher Zeit die oberste Gottheit. Diese Merkmale passen alle zu dem indogermanischen Göttervater Dyaus, sodaß man davon ausgehen kann, daß Varuna in derselben Weise ein Beiname des indischen Dyaus gewesen ist, wie Ullr ein Beiname des germanischen Tyr und Uillin ein Beiname des keltischen Nuada gewesen ist.

Varuna wurde als die Nachtsonne aufgefaßt. Sein Tages-Gegenpol ist Mitra, der ebenfalls ein Gott der Richtigkeit war. Varuna entspricht daher sowohl von seinem Namen als auch von seiner Mythologie her dem Ullr. Varunas Gegenpol Mitra ist eine Entsprechung zu Ullrs Freund Baldur.

Der Name „Dyaus" ist in Indien zu einer allgemeinen Bezeichnung für Gott („Deva") geworden, während der Göttervater durch seine Gleichsetzung mit dem Donner- und Regengott dessen Namen „Indra" („Fluß") erhielt.

Perser

Auch die Perser, die die nächsten Verwandten der Inder sind, kannten den Gott Varuna, den auch sie als den Gott der Wahrheit auffaßten. Er war der „Enkel der Wasser", der in dem Himmelsmeer Vourukashka lebte, in dessen Mitte der Weltenbaum steht. Sie verehrten auch den Gott Mithras, mit dem die Sonne, der Stier und die Jenseitsreise verbunden waren. Ihren Göttervater nannten sie Ahura Mazda und der Gott der Richtigkeit hieß bei ihnen Asha.

Volk	**Ullr, Uillin und Varuna**		
	Göttervater		
	Göttervater (Dyaus)	*Aspekte des Göttervaters*	
		Tag Diesseits Richtigkeit	*Nacht Jenseits*
Germanen	Tyr	Baldur	Ullr
Kelten	Nuada	Lugh	Uillin
Inder	Indra	Mitra	Varuna
Perser	Ahaura Mazda	Asha	Varuna

Indogermanen

Der Sonnengott-Göttervater Dyaus (Germanen: Tyr) der Indogermanen scheint bereits um 2.800 v.Chr., als die Indogermanen noch ein einheitliches Volk waren, das in den südrussischen Steppen nördlich des Schwarzen Meeres und des Kaspischen Meeres lebte, den Beinamen „wel" gehabt zu haben, da sich sowohl ganz im Westen (Kelten/Germanen) als auch ganz im Osten (Inder/Perser) ein mit dem Göttervater verbundener Gott findet, der einen von „wel" abgeleiteten Namen trägt.

Dhyaus scheint, wenn er als „wel" bezeichnet worden ist, die Gestalt eines Stieres gehabt und sich in der Unterwelt befunden zu haben. „Wel" scheint somit den Jenseits- und Wiederzeugungs-Aspekt des Dyhaus bezeichnet zu haben.

Etrusker

Bei den Etruskern, die nicht zu den Indogermanen zählen, findet sich ein Unterweltungeheuer mit dem Namen „Vehta", das dem slawischen Schlangengott Veles und den indischen Schlangenungeheuern Vritra und Vala ähnlich ist.

Möglicherweise haben die Etrusker dieses Wesen von den sie umgebenden indogermanischen Völkern übernommen – falls die Vorgeschichte dieser Riesenschlange nicht noch weiter bis zu den gemeinsamen Vorfahren der Indogermanen und der Etrusker in der mittleren Jungsteinzeit zurückreichen sollte.

- - -

In den bisherigen Betrachtungen scheint der Name Ullr/Wuldor „Ruhm" zu bedeuten, was sich von einem älteren „Glanz" herleiten könnte, das vermutlich das Licht der Sonne bezeichnete.

Von einer solchen Grundbedeutung könnte sich auch der indisch-persische Göttername Varuna ableiten.

Da es aber keine indogermanische Wortwurzel „wel" mit der Bedeutung „Sonne, scheinen, Licht" o.ä. gibt, muß die Geschichte dieses Namens und der damit verbundenen Götter noch einige weitere Entwicklungsstufen durchlaufen haben. Für diese Annahme spricht auch, daß der Charakter des slawisch-baltischen Drachengottes Veles, der indischen Drachens Vritra und Vala sowie des etruskischen Vehta nicht zu einer Wortwurzel „wel" mit der Bedeutung „Ruhm, Glanz" paßt.

Die indogermanische Wurzel „wel" und ihre nahen Verwandten sind sehr vielfältig, was eine komplexe Bedeutung dieser Stammsilbe bereits zu der Zeit der Indogermanen um 2.800 v.Chr., also kurz vor ihrer Aufteilung in verschieden Völker, vermuten läßt.

Möglicherweise wurden diese Worte, die nur als Stammsilbe rekonstruierbar sind, jedoch durch Flexionen, Vor- und Nachsilbe o.ä. unterschieden, sodaß sie dann doch unterscheidbare Worte waren.

Die Bedeutungen des indogermanischen Wortes „wel" und seiner nahen Verwandten sind:

Die indogermanische Wurzel des Götternamens „Ullr"

indogermanischer Ursprung			„Zweige" in den einzelnen indogermanischen Sprachen
Wurzel	Ableitung	Bedeutung	
wel	wel	drehen, winden, wenden, rollen, wälzen	*deutsch*: Welle, wühlen, Wulst, walzen, wallen, Wurzel, walken *englisch*: to walk (frühere Bedeutung: rollen, umdrehen, walken; später dann: umhergehen) *indisch*: valati (drehen, sich wenden)
	wel	Schlange („die Gewundene")	*slawisch*: Veles (Schlange) *baltisch*: Velnias (Schlange) *indisch*: Vritra, Vala (Schlange)
	wel	Himmel („das Gewölbte")	*indisch*: Varuna (Himmelsgott) *persisch*: Varuna (Himmelsgott)
	wlhneh	Wolle („das Gewellte")	*deutsch*: Wolle, walken (drehend die Wolle verfilzen)
	wolos	Schweifhaar des Pferdes („das Gewellte")	*litauisch*: valai *indisch*: vala
	wel	Gras („das Gebogene")	*hethitisch*: wellu (Gras) *deutsch*: Halm (diese Herleitung ist unsicher)
wal	wal	groß, stark sein, herrschen	*altenglisch*: wieldan (herrschen) *englisch*: valour (Mut) *lateinisch*: valeo (ich bin stark) *litauisch*: valdyti (herrschen) *altkirschenslawisch*: vlado (herrschen) *tocharisch*: Walo (König)
	walsos („der Stabile"; anhäufen, viele)	Pflock, Pfosten, Wall, Menge	*lateinisch*: vallus (Stab) *germanisch*: Wala (Stabträgerin = Seherin) *deutsch*: Wall (ursprünglich: Erdwall mit Mauer aus Baumstämmen) *englisch*: wall ((Blockhaus-)Mauer) *indisch*: vala (Pfosten, Balken)

indogermanischer Ursprung			„Zweige" in den einzelnen indogermanischen Sprachen
Wurzel	Ableitung	Bedeutung	
wel	wel	sehen	*keltisch*: gweled (sehen) *germanisch*: wuldor, Ullr (Glanz, Ruhm) *tocharisch*: yel (prüfen) *lateinisch*: voltus (Gesichtsausdruck)
wel	wel	sterben	*altnordisch*: Valr (ein in der Schlacht Gestorbener), Walhalla (Halle der Toten), Walküre (Erwählerin der Toten) *lateinisch*: velis (Geist eines Toten) *tschechisch*: valeti (kämpfen, Krieg führen) *tocharisch*: wäl (sterben), walu (tot)
	volrnoeh	Wunde	*lateinisch*: volnus (Wunde) *albanisch*: varre (Wunde) *griechisch*: oule (Narbe) *russisch*: rana (Wunde) *indisch*: vrana (Wunde)

Die Wortwurzel „wel" hat im Indogermanischen mehrere Bedeutungen, die auf den ersten Blick nicht zusammenpassen wie z.B. „sehen", „drehen", „sterben", „Schlange" und „Gras".

Ein großer Teil dieser Worte läßt sich jedoch auf die Grundbedeutung „drehen" zurückführen, von der sich in einem ersten Schritt „wälzen", „gebogen", „gekrümmt" u.ä. ableitet, aus denen sich dann in einem zweiten Schritt „Gras" (gebogen), „Himmel(-sgott)" (gewölbt), „Schlange" (geringelt) u.ä. ableitet. Von dieser letzten Bedeutung stammt offensichtlich der Name der Schlangengötter Veles, Velnius, Vala, Vritra und evtl. auch das etruskische „Vehta" ab. Die Herleitung des deutschen „Halm" aus „wel" ist nicht ganz sicher.

Die Wortwurzel „wal" für „stark" ist auf die West-Indogermanen beschränkt. Mit dieser Stärke ist vor allem die Stärke des Königs und seine Herrschaft gemeint. Mit dieser Wortwurzel ist „walsos" verwandt, das bearbeitete Baumstämme und sekundär auch Herrschaftsstäbe (Szepter), Seherinnenstäbe („Zauberstäbe"), Wälle, Mauern u.ä. bezeichnet. Ein Beispiel für „walsos" findet sich auch in Indien, wo es „Pfosten, Balken" bedeutet. „Wal" im Sinne von „Wall mit Pfostenzaun" ist vermutlich die ursprüngliche Bedeutung, von der sich dann „viele, anhäufen" u.ä. abgeleitet hat. „Wal" wird daher eine solide Befestigungsanlage aus Holz bezeichnet haben.

Die Bedeutung „Stärke, Herrschen, König" könnte aus dem Bild der Standfestigkeit eine Baumes und eines aus Holzbalken gefertigten Gebäudes entstanden sein. Vielleicht spielte dabei auch das Bild des Weltenbaumes eine Rolle, der die Verbindung des Herrschers zu den Göttern ist. Der „Herrscher, der stark wie der Weltenbaum ist", ist als Bild oder zumindestens als Wort jedoch erst bei den West-Indogermanen entstanden.

Die Bedeutung „sehen" für „wel" ist vermutlich eine spätere Entwicklung, da sie nur bei den Germanen, Kelten, Römern und Tocharern auftritt, also bei der westlichen Gruppe der Westindogermanen. Die gemeinsame Vorfahren dieser vier Völker lebten um ca. 1.800 v.Chr. im ungarischen Tiefland. Die Bedeutung „sehen" für „wel" tritt bemerkenswerterweise bei allen vier indogermanischen Völkern auf, die von diesen kriegerischen Viehhirten an den Ufern der Donau zwischen Belgrad und Budapest abstammen. Die Bedeutungen „Ruhm, Glanz, sehen, prüfen, Gesichtsausdruck" des Wortes „wel" bei dieser Untergruppe der West-Indogermanen könnte auf die kontrollierende Tätigkeit eines Herrschers zurückgehen, der alles sieht, prüft, regelt und daher Ruhm erntet.

Die Wortwurzel „volrnoeh" für „Wunde" ist ein gesamt-indogermanisches Wort, während die Wortwurzel „wel" für „sterben" wieder auf die West-Indogermanen beschränkt ist. Vermutlich ist die Bedeutung „sterben" aus „zu Tode verwundet" entstanden. Die beiden allgemein-indogermanischen Worte für „Tod, sterben" waren „mer" (deutsch: Mord) und „nek" (lateinisch: Nekropole, d.h. Totenstadt, Friedhof; griechisch: Nek-tar = „das den Tod Besiegende"). „Wel" ist wahrscheinlich die Wortwurzel für „volrnoeh", weshalb man davon ausgehen kann, daß „wel" bei den Indogermanen die Bedeutung „verwunden" ö.ä. gehabt hat.

Die Geschichte des Götternamens „Ullr" läßt sich nach diesen Betrachtungen etwas einfacher und genauer darstellen. Die folgende Übersicht enthält der Übersichtlichkeit halber hauptsächlich die Entwicklungslinien, die bis zu den Germanen führen.

Die Entwicklungslinie, die letztlich zu dem germanischen Gottesnamen „Ullr" führte, ist grau hinterlegt.

| Die indogermanische Wurzel des Götternamens „Ullr" |||||
Indoger-manisch	*indoger-manische Ableitung*	*West-Indogermanen*	*Germanen, Kelten, Römer, Tocharer*	*Germanen*
wel (drehen)	wel (drehen)	wel (drehen u.ä.)	wel (drehen u.ä.)	Welle, wühlen, wallen
	wlhneh (Wolle, „das Gewellte")	wol (Wolle u.ä.)	wol (Wolle u.ä.)	Wolle, walken
	wel (Gras, „das Gebogene")	wel (Gras)	halma (Halm)	Halm
	wel (Schlange, „die Geringelte")	wel (Schlange) => Schlangengötter: Veles (Slawen), Velnias (Balten), Vala, Vritra (Inder)		
wal(sos) (groß, Pfosten, Pflock, viele, anhäufen)	wal(sos) (groß, Pfosten, Pflock, Holzwand, anhäufen)	walsos (Pfosten, Holzwand)	walso (Pfosten, Stab, Holzwand)	Wall (Schutzmauer), Wala (Seherin)
		wal (Stärke, König, herrschen)	wal (Stärke, König, herrschen)	Wali (Gott)
			wel (Kontrolle, Ruhm)	Ullr
wel (verwunden), volrnoeh (Wunden)	wel (verwunden), volrnoeh (Wunden)	volrnoeh	volrnoeh	-
		wel (tot)	wel (tot)	Valr (Toter), Walhalla, Walküre

    Diese Wortwurzeln lassen sich noch weiter zurückverfolgen zu der nostratischen Sprache („unsere (Sprache)"), die von den frühen Ackerbauen in Mesopotamien am Ende der Eiszeit um 10.500 v.Chr gesprochen wurde. Von ihr stammen u.a. die indogermanischen, semitischen, sumerischen, ägyptischen und elamitischen Sprachen ab.
    Die nostratische Sprache ist wiederum ein Zweig der spätaltsteinzeitlichen Sprache, die Borealisch („nördliche (Sprache)") genannt wird und die die Wurzel aller europäischen, asiatischen und indianischen Sprachen ist.
    Das indogermanische „wel" mit der Bedeutung „drehen, rollen" stammt vom dem

nostratischen Wort „hulu" und dieses wiederum von dem borealischen Wort „hulu" ab, die beide ebenfalls die Bedeutung „drehen, rollen" haben.

Das indogermanische „wal" mit der Bedeutung „Pfosten, Pflock" stammt von dem nostratischen Wort „wol(a)" und dieses wiederum von dem borealischen Wort „wulu" ab, die beide die Bedeutung „groß" haben. Das indogermanische „wal" hat neben „groß" auch noch die Bedeutungen „große Menge, anhäufen, Wall, Pflock, Pfosten" – „wal" bezeichnet also auch eine große Befestigungsanlage.

Für die Bedeutung „sehen, kontrollieren" gibt es keine nostratische oder gar borealische Wortwurzel, die „wel" ähnelt, was bestätigt, daß die Bedeutung „sehen" für „wel" eine spätere Ableitung innerhalb der indogermanischen Sprachen sein muß.

Auch für „wel, volrnoeh" mit der Bedeutung „Wunde, verwunden" findet sich keine nostratische oder borealische Wortwurzel. Dieses Wort wird sich daher vermutlich von einem anderen indogermanischen Wort herleiten.

Somit bleiben zwei borealische Wortwurzeln übrig, von denen die eine („wel") zu den Schlangengöttern und die andere („wal") zu dem Gott Ullr führt. Der Ursprung des indogermanischen Wortbedeutungs-Zweiges, der mit „wel, volrnoeh" für „Wunde, verwunden" beginnt, ist unklar.

Somit läßt sich nun der Stammbaum des Namens Ullr bis in die späte Altsteinzeit zurückverfolgen. Das bedeutet natürlich keineswegs, das diese Worte schon damals einen Gott bezeichnet haben.

Der Stammbaum des Gottesnamens "Ullr"						
Borealisch (späte Altsteinzeit)	*Nostratisch (frühe Jungsteinzeit)*	*Indogermanisch*	*indogermanische Ableitung*	*West-Indogermanen*	*Germanen, Kelten, Römer, Tocharer*	*Germanen*
wulu (groß)	*wola* (groß)	*wal(sos)* (groß, Pfosten, Pflock, viele, anhäufen)	*wal(sos)* (groß, Pfosten, Pflock, Holzwand, anhäufen)	*walsos* (Pfosten, Holzwand)	*wals* (Pfosten, Stab, Holzwand)	*Wall*, *Vala* (Seherin)
				wal (Stärke, König, herrschen)	*wal* (Stärke, König, herrschen)	*Wali* (Gott)
					wel (Kontrolle, Ruhm)	*Ullr*

Dieser Stammbaum zeigt, daß „wal" wohl auch immer die Bedeutung „groß" behalten hat, da diese auch noch in „Wall", in „Herrschaft" und in „Königtum" mitschwingt.

Der Gottesname „Ullr" bedeutet dieser Herleitung zufolge „der Ruhmreiche", „der Große", „der Herrscher" und „der König". Dies ist ein durchaus plausibles Ergebnis dieser Betrachtungen über den Gottesnamen „Ullr", der ursprünglich ein Beiname des Göttervaters Tyr gewesen ist, denn für den Göttervater sind „ruhmreich", „groß", „herrschend" und „königlich" alles sehr zutreffende Attribute.

Man wird daher davon ausgehen können, daß sich der Gottesname „Ullr" aus dem Beinamen „Großer, König, Herrscher" d.h. aus seinem Titel, der ihn als Götterkönig bezeichnete, hergeleitet hat.

IX   Ortsnamen mit „Ullr"

In Schweden und Norwegen gibt es eine ganze Reihe von Ortsbezeichnungen, die den Gottesnamen „Ullr" enthalten.

Ortsnamen mit „Ullr"			
Name	*Bedeutung*	*was?*	*Lage*
Ullinshof	Ullrs Tempel	Bauernhof	Südostnorwegen
Ullinshof	Ullrs Tempel	Bauernhof	Südostnorwegen
Ullinshof	Ullrs Tempel	Bauernhof	Südnorwegen
(Lilla) Ullevi	Ullrs Heiligtum	Ort	bei Stockhom, Schweden
Ullevi	Ullrs Heiligtum	Ort	Südwestschweden
Ullvi	Ullrs Heiligtum	Ort	mittleres Südschweden
Ullarhváll	Ullrs Hügel	Ort	bei Oslo, Norwegen
Ullarøy	Ullrs Insel	Bauernhof	Südostnorwegen
Ullarøy	Ullrs Insel	Bauernhof	Südnorwegen
Ullarøy	Ullrs Insel	Bauernhof	Südostnorwegen
Ullarøy	Ullrs Insel	Bauernhof	Südnorwegen
Ullanger	Ullrs Bucht	Ort	mittelschwedische Küste
Ullarnes	Ullrs Landzunge	Ort	südwestnorwegische Insel
Ullene	Ullrs Aue	Ort	Südwestschweden
Ullarvin	Ullrs Aue	Bauernhof	Südwestnorwegen
Ullarvin	Ullrs Aue	Bauernhof	bei Oslo, Norwegen
Ullarvin	Ullrs Aue	Bauernhof	Südostnorwegen
Ullarvin	Ullrs Aue	Bauernhof	Südnorwegen
Ullene	Ullrs Aue	Ort	Südwestschweden
Ullinsvangr	Ullrs Feld	Bauernhof	Südwestnorwegen
Ullensvang	Ullrs Feld	Ort	Südwestnorwegen
Ullinsvin	Ullrs Feld	Ort	mittleres Südnorwegen

Name	Bedeutung	was?	Lage
Ullensaker	Ullrs Acker	Ort	Südostnorwegen
Ullinsakr	Ullrs Acker	Bauernhof	Südostnorwegen
Ullinsakr	Ullrs Acker	Bauernhof	Südostnorwegen
Ulleraker	Ullrs Acker	Ort	Südostschweden
Ultuna	Ullrs Stadt	Ort	Südostschweden
Ullared	Ullrs Lichtung (?)	Ort	Südwestschweden

Der „Hügel" ist vermutlich ein Hügelgrab und somit auch ein sakraler Ort. Die Inseln, auf die sich die Ortsnamen beziehen, liegen alle im Meer und nie in einem See. Die Übersetzung „Ullrs Lichtung" für „Ullared" ist unsicher. Mit den Feldern und Äckern könnten Getreide- und Gemüseanbauflächen gemeint sein, aber es ist auch denkbar, daß sie ursprünglich „Heilige Wiesen" o.ä. bezeichnet haben.

In diesen 28 Ortsnamen treten folgende Kombinationen mit „Ullr" auf:

Häufigkeit der mit „Ullr" verknüpften Worte in den Ortsnamen		
3 Tempel	7 Kultorte (wenn „Hügel" hier „Grabhügel" bedeutet)	14 Kultorte (wenn „Feld" einen Kultort bezeichnet hat)
3 Heiligtümer		
1 Hügel		
3 Felder	7 „Felder"	
4 Äcker		
4 Inseln	6 Orte am Meer	12 Orte in Wassernähe
1 Bucht		
1 Landzunge		
6 Auen	6 Orte an einem Fluß	
1 Stadt	1 Stadt	
1 Lichtung (?)	1 Übersetzung unsicher	

Die „Stadt" sagt zunächst einmal nichts über Ullr selber aus und auch nicht die 12 „Orte am Wasser", da in Schweden und Norwegen fast alle Orte in Wassernähe liegen. Auffällig ist lediglich die Häufigkeit der Kombinationen des Gottesnamens

„Ullr" mit „Tempel", „Heiligtum" und „Feld", die darauf hinweisen, daß der Gott Ullr recht viele feste Kultorte gehabt haben muß, an denen sich vermutlich des öfteren auch ein Ritualplatz wie in Lilla Ullevi befunden haben wird. Die Deutung der Felder als „Ritualplatz" jedoch ist nicht ganz sicher.

Dieser Befund paßt gut zu der Auffassung des Ullr als Beinamen des Sonnengottes-Göttervaters Tyr, da man am ehesten Tempel u.ä. für die oberste Gottheit, also Tyr, erbaut haben wird.

Da „Ullr" ein Beiname des Gottes Tyr gewesen ist, liegt es nahe, die Liste der Ortsnamen des Ullr mit der Liste der Ortsnamen des Tyr zu vergleichen.

\multicolumn{5}{c}{Ortsnamen, die den Gottesnamen „Tyr" enthalten}
Name	**Bedeutung**	**was?**	**Lage**	**Gruppen**
Thy	Tyr	Ort	Dänemark	5 mögliche Kultorte
Thisted	Platz des Tyr	Ort	Dänemark	
Tyrsted	Platz des Tyr	Ort	Dänemark	
Tuesley	Lichtung des Tyr	Ort	Großbritannien	
Tiveden	Wald des Tyr	Ort	Schweden	
Tyrseng	Aue des Tyr	Ort	Dänemark	8 Orte am Wasser
Tyrnau	Aue des Tyr	Ort	Deutschland	
Tysnes	Landzunge des Tyr	Ort	Norwegen	
Tyrlaching	See des Tyr	Ort	Deutschland	
Tissø	See des Tyr	Ort	Dänemark	
Tyresø	See des Tyr	Ort	Dänemark	
Tisvilde	Quelle des Tyr	Ort	Dänemark	
Thyra	Fluß des Tyr	Ort	Deutschland	
Dewsbury	Burg des Tyr	Ort	Großbritannien	1 Burg

Zum einen fällt auf, daß es keine so eindeutigen „Tempel-Ortsnamen" wie bei Ullr gibt, auch wenn fünf der Namen möglicherweise auf Kultplätze zurückgehen. Im Gegensatz zu den sechs „Ullr-Tempel"-Ortsnamen weisen diese fünf „Tyr-Kultplatz"-Ortsnamen jedoch nicht auf ein Gebäude, eine Umgebungsmauer oder ähnliches hin.

Auch die Verteilung auf die Länder ist deutlich anders:

Verteilung der Tyr/Ullr-Ortsnamen auf die verschiedenen Länder		
Land	*Tyr-Ortsnamen*	*Ullr-Ortsnamen*
Südnorwegen	1	19
Südschweden	1	9
Dänemark	7	-
Deutschland	3	-
Großbritannien	2	-
Island	-	-
gesamt	14	28

    Island ist offenbar erst nach dem Wechsel von Tyr/Ullr zu Odin als oberster Gottheit in größerem Maßstab besiedelt worden, da es auf dieser Insel keine Ortsnamen mit „Tyr" oder „Ullr" gibt. Die frühesten bisher gefundenen Grundmauern auf Island stammen von ca. 650 n.Chr. und sind typisch norwegische Langhäuser. In größerem Stil sind jedoch erst ab 950 n.Chr. Menschen in Island eingewandert. Diese Zeiten passen zu der allgemein anerkannten Theorie, daß Odin den Tyr während der Völkerwanderungszeit (375-568 n.Chr.) als Göttervater abgelöst hat.

    Der alte Göttervater scheint in Dänemark, Deutschland und Großbritannien „Tyr" genannt worden zu sein, während man ihn in Südschweden und Südnorwegen mit dem Namen „Ullr" bezeichnete. „Ullr" scheint in Südskandinavien nicht nur der Beiname des Tyr, sondern geradezu der allgemein übliche Name für den obersten Gott gewesen zu sein.

    Der Ort Ullensaker in Südostnorwegen hat 1979 den Bogengott Ullr als Wappen gewählt.

Wappen von Ullensaker

Ullr am Rathaus von Ullensaker

Ullr als Stadtzeichen auf einem Kanaldeckel

X Personennamen

Der Männername „Ullvi" bedeutet entweder „Ullr-Tempel" oder (was wahrscheinlicher ist) „Ullr-Priester", da „vi, ve" die Bedeutung „geweiht" hat.
Es wird daher einst Tempel und Priester des Ullr gegeben haben.

X Zusammenfassung

Ullr erscheint in der schriftlichen Überlieferung als Bogenschütze und Schneeschuhläufer, der im Eibental wohnt. Er scheint ein Wintergott zu sein.

Er ist der Sohn der Korngöttin Sif und der Stiefsohn des Thor. Sein Vater ist Vermutlich Loki.

Er ist ein kriegerischer Gott, den man bei Zweikämpfen um Hilfe anrufen soll. Da der wichtigste Zweikampf in den ehemaligen, Tyr-zentrierten germanischen Mythen der zwischen Tyr/Heimdall und Loki gewesen ist, könnte Ullr eine Form des Tyr im Winter, d.h. des Tyr in der Unterwelt sein. Dafür spricht auch, daß er der Sohn der Korngöttin Sif und des Wintergottes Loki ist, die beide einen engen Bezug zu den Jahreszeiten haben.

Ullr ist Baldurs Freund – dies ist die einzige ausdrückliche Asenfreundschaft. Da Baldur ein Sommergott ist, könnte Ullr sein Winter-Gegenstück sein. Sie würden dann auf Tyr im Sommer/Diesseits und Tyr im Winter/Jenseits zurückgehen.

Die Auffassung des Ullr als Schildgott könnte aus der Auffassung der Sonne als Schild entstanden sein – was bestätigen würde, daß Ullr „Tyr im winterlichen Jenseits" ist. Ullrs Name bedeutet „Ruhm, Glanz" und könnte sich evtl. auch auf die Sonne beziehen.

Die Ansicht, daß Ullr Odins Sohn ist, stammt vermutlich aus der späten Zeit, in der fast alle Götter zu Odins Söhnen geworden sind. Ullr muß einst eine hohe Stellung gehabt haben, da er sonst nicht Odins Stellvertreter bei dessen Abwesenheit sein könnte – was wieder für eine enge Verbinung zwischen Ullr un dem ehemaligen Sonnengott-Göttervater Tyr spricht. Für die hohe stellung des Ullr sprechen auch der fund eines Ullr-Tempels, die vielen Ortsnamen, die „Ullr-Tempel" oder „Ullr-Heiligtum" bedeuten sowie der Männername „Ullvi" („Ullr-Priester"). Auch die Umschreibung von Norwegen als „Kland des Ullr" zeigt, daß Ullr einst eine Art Landesgott oder Göttervater gewesen sein muß.

In dieselbe Richtung weist die Eidformel „bei Tyrs Hügel und Ullrs Ring", da sie zeigt, daß beide Götter wichtig sind und miteinander in Verbindung stehen.

Wenn Ullr auf den Sonnegott-Göttervater Tyr im jenmseit szurückgehen sollte, dann müßte sich in seinen Mythen auch Hinweise auf die Jenseitsreise der Sonne, also des Tyr finden – was auch der Fall ist:

1. Ullr besitzt einen mit Runen beschrieben magishen Knochen, mit dem er über das Meer (Wasserunterwelt?) fahren kann.
2. Ein Schild (Sonnen-Symbol) wird oft als „Ullrs Schiff" umschrieben – dies könnte die Sonne auf ihrer Fahrt in einem Schiff in die Wasserunterwelt sein.
3. Auf den beiden Goldhörnern von Gallehus sind drei Bogenschützen dargestellt worden, die die Funktion eines Jenseitsfürhers zu haben scheinen – eine Funktion, die der Bogenschütze Ullr ausfüllen könnte, da er als „Tyr im Jenseits" die Unterwelt und den weg dorthin gut kennt.
4. Ullr ist eng mit dem Kessel-Ritual, d.h. mit den Opferungen für die Ahnen und für die Jenseitsrise verbunden.
5. Der Tempel des Ullr ist genau nach Osten, d.h. auf die Sonne hin ausgerichtet.
6. Die Ringe des Ullr könnten die Sonne symbolisieren.

XII Ullr bei den Indogermanen

Da es bei den Indogermanen keinen weitverbreiteten Gott mit dem Namen „Ullr" gibt, ist Ullrs „Sonnenschild" die einzige Spur, die sich zurückverfolgen läßt, um etwas über die Herkunft des Ullr herauszufinden.

Bei den Kelten, den nächsten Verwandten der Germanen, ist kein magischer Schild, Sonnenschild o.ä. bekannt. Lediglich in der Sage von Kulhwch muß der Held drei besondere Schilde, aber daneben auch noch neununddreißig andere Dinge beschaffen.

Die Römer und die Griechen benutzten im Kampf u.a. einen großen, runden Schild, der der Sonne verglichen wurde. Er stammte ursprünglich aus Argons in Griechenland und wurde „Mongolischer Schild" genannt, da diese Schildform von den Reitervölkern aus dem Osten übernommen worden war.

Der slawische Gott Jarilo/Jarovit wurde als ein kriegerischer Jüngling auf einem weißen Pferd dargestellt. Er war eng mit dem Sonnengott Dazbog verbunden, dem er bei seiner morgendlichen Wiedergeburt half – vermutlich ist er selber ursprünglich der wiedergeborene Sonnengott gewesen. In seinem Tempel wurde ein Schild aufbewahrt, der im Krieg von den Slawen als Siegbringer mitgetragen wurde.

In Indien hält der Gott Vishnu die Sonnenscheibe in einer seiner Hände. Dieser „Diskus" ist seine wichtigste Waffe.

In Persien trägt der Gott Mithras manchmal eine Sonnenscheibe auf seinem Helm und wird dadurch als Sonnengott gekennzeichnet.

Bei den Hethitern finden sich viele Darstellungen des Sonnengottes auf einem Hirsch und auch mehrfach ein Hirsch in einer Sonnenscheibe. Er wird vermutlich dem Sonnenhirsch der Germanen entsprechen.

Das naheliegende Bild der Sonne als einer Scheibe („Diskus") ist offenbar schon den ursprünglichen Indogermanen geläufig gewesen.

Die östlichen Indogermanen (Griechen, Inder) faßten sie dann später als eine Wurfwaffe („Diskus") auf, während sie bei den westlichen Indogermanen (Germanen, Römer, Slawen) als Schild angesehen wurde. Bei diesen West-Indogermanen entstand auch das Bild des Göttervaters als einarmiger Schwertgott. Die Umdeutung des Göttervaters in einen kriegerischen Schwertgott und die Umdeutung der Sonnenscheibe in einen Schild wird sicherlich parallel gelaufen sein.

Dieser Kriegsgott mit Schwert und Schild erscheint u.a. auf dem Goldhorn von Gallehus. Später hat sich der Kriegsgott-Göttervater mit Schwert und Schild dann anscheinend in den „Tyr am Tag" mit Schwert und den „Tyr in der Nacht" mit Schild, also den Gott Ullr, getrennt: der Göttervater im Diesseits und der Göttervater im Jenseits.

Der Sonnenschild ist ein Motiv, das sich nur bei den West-Indogermanen findet. Bei ihnen wurde von dem Wort „wal/walsos" für „groß, viele, Wall, Pfosten" ein neues

Wort mit der Bedeutung „groß, stark, König, herrschen" abgeleitet. Bei diesen Westgermanen entstand auch die Vorstellung des Göttervaters als eines (einarmigen) Schwertgottes.

Man wird wohl davon ausgehen können, daß der Göttervater Dyaus bei seiner Verwandlung in einen kriegerischen Schwertgott den Beinamen „wal" erhielt. Er wurde sozusagen „Dyaus der Große" oder „der große Dyaus" genannt.

Dieser Beiname hat sich dann bei dem südwestlichen Teil der West-Indogermanen, also bei den gemeinsamen Vorfahren der Germanen, Kelten und Römer, zu einer eigenständigen Gottheit verselbständigt: Ullr bei den Germanen und Uillin bei den Kelten. Im Zusammenhang damit wurde anscheinend auch die Sonnenscheibe zum Ring abstrahiert, denn der Ring als Symbol der bestandenen Jenseitsreise findet sich nur bei den Germanen und bei den Kelten. Auch die Römer scheinen Ringen eine besondere Bedeutung beigemessen zu haben, weshalb nicht jeder Ringe tragen durfte. Leider ist die Ringsymbolik der Römer nicht überliefert worden.

Als Hauptname des Göttervaters erscheint der Beiname „der Große/Starke/ Ruhmreiche" nur in Südskandinavien bis ca. zum Ende der Völkerwanderungzeit: „Ullr".

Entstehungsgeschichte des Gottes Ullr		
Zeit	*Volk*	*Entwicklung*
Eiszeit (bis 10.500 v.Chr.)	Steinzeitjäger	Das Wort für „groß" lautet „wulu".
Jungsteinzeit (ab 10.500 v.Chr.)	frühe Bauern	Das Wort für „groß" lautet „wola".
7.000 v.Chr. – 2.800 v.Chr.	Indogermanen	„wal" bedeutet „groß, Pfosten, Pflock, viele, anhäufen".
		Die Sonne wird als Scheibe angesehen.
2.800 v.Chr. – 2.000 v.Chr.	West-Indogermanen	Der Göttervater Dyaus wird zum kriegerischen Gott mit Schwert und Schild. Teilweise wurde sein Kriegsaspekt auch zu einem eigenständigen Gott (Griechen Ares; Römer: Mars; Skythen/Osseten: Uastirdschi)
		Während seiner Reise durch die Unterwelt in der Nacht bzw. im Winter ist der Göttervater einarmig (Umdeutung seines abendlichen Todes).
		Der Göttervater Dyaus erhält den Beinamen „wal": „der Große".
		Die Sonnenscheibe wird als Schild des Göttervaters betrachtet.

Zeit	*Volk*	*Entwicklung*
2.000 v.Chr. – 1.900 v.Chr.	Germanen, Kelten, Römer, Tocharer	Das Schwert wird stärker an den Göttervater im Diesseits (Tyr) gebunden und der Schild stärker an den Göttervater im Jenseits (Ullr).
		Die Sonnenscheibe wird auch als Ring angesehen. Er wird zum Symbol für die bestandene Jenseitsreise des Schamanen/Druiden/Priesters und des Fürsten bei seiner Krönung.
		Das Wort „wal" wird durch seine Verbindung mit dem Göttervater auch zu einer Bezeichnung für „Stärke, König, herrschen".
		Das Wort „wal" erhält vermutlich sowohl durch seine Verbindung mit dem Königtum als auch durch seine Verbindung mit der erfolgreichen Jenseitsreise auch die Bedeutung „Ruhm".
		Der Jenseitsaspekt des Göttervaters mit dem Namen „wal" wird bei den Kelten und bei den Germanen stärker von dem Göttervater selber unterschieden.
ab 1.800 v.Chr.	Germanen	Der Name „wal" beginnt sich in der Form „wuldor" als eigenständige Gottheit zu entwickeln.
ab 600 v.Chr.	Germanen	Im Zusammenhang mit der Entstehung der Mysterien im gesamten Gebiet zwischen Indien und Europa wird der Ring bei den Germanen, Kelten und wahrscheinlich auch bei den Römern zu einem Symbol der Einweihung (Jenseitsreise) von „normalen" Menschen.
1.800 v.Chr. – ca. 600 n.Chr.	Germanen in Südskandinavien	Die Bezeichnung „Ullr" des Göttervaters wird nach und nach anstelle von „Tyr" zum Namen des Göttervater.
ab ca. 600 n.Chr.	Germanen	Odin wird zum Göttervater und Ullr ist nur noch ein untergeordneter Gott.

XIII   Die Biographie des Gottes Ullr

Anhand der bisherigen Betrachtungen läßt sich die Biographie des Gottes Ullr rekonstruieren.

1. Kapitel: Altsteinzeit

Die Worte für die Sonne und ihre Eigenschaften, aus denen heraus der Gott Ullr letztlich entstanden ist, lassen sich bis in die späte Steinzeit zu den gemeinsamen Vorfahren der Europäer, Asiaten und Indianer zurückverfolgen, die um ca. 30.000 v.Chr. lebten.

In dieser Zeit lautete das Wort für „Sonne" in etwa „zuwu", das Wort für „leuchten" „pulu" und das Wort für „Tag" „djuwu". Das Wort für „groß" war „wulu". Das Wort für „Tag" war eng mit dem Wort für „aufgehen, aufsteigen, hell, scheinen", d.h. mit dem Sonnenaufgang verbunden. Die Sprache dieser Zeit wird in der Sprachwissenschaft „Borealisch" („nördliche (Sprache)") genannt.

Die Vorstellung einer Seele hat es aufgrund der Nahtod-Erlebnisse, bei denen man sich als außerhalb seines eigenen Körpers schwebend erlebt, bereits in der Altsteinzeit gegeben. Die Ankunft im Jenseits stellte man sich als Wiedergeburt vor und verglich sie mit dem Sonnenaufgang.

In der Altsteinzeit wurden Qualitäten oft durch Assoziationen zu Tieren ausgedrückt: „fruchtbar wie eine Kuh" oder „stark wie ein Löwe". Die Seele wurde, weil man sich beim Nahtod als über dem materiellen Körper schwebend erlebt, als Vogel dargestellt. Die Schlange war als auf und in der Erde lebendes Tier eng mit der Unterwelt unter der Erde (Grab) verbunden.

Aus diesen Assoziationen entstand u.a. das Bild der Großen Mutter als einer fruchtbaren Kuh/Frau, aus dem sich das Bild der Wiedergeborenen als Kälbchen ergab.

2. Kapitel: Jungsteinzeit

Nach der letzten Eiszeit, die um 10.500 v.Chr. endete, begann in Mesopotamien die Jungsteinzeit, in der der Ackerbau und die Viehzucht erfunden wurde. Die Sprache dieser frühen Bauern, von denen u.a. auch die Indogermanen abstammen, wird von Linguisten „Nostratisch" („unsere (Sprache)") genannt.

Die Worte für „Sonne", „leuchten" und „groß" veränderten sich ein wenig: Aus „zuwu" für „Sonne" wurde „sjaxu", aus „pulu" für „leuchten" wurde „belu", aus „djuwu" für „Tag" wurde „tuwu" und aus „wulu" für „groß" wurde „wola".

In der Altsteinzeit sind die eigenen Eltern die einzige Orientierung der Menschen gewesen. In der Jungsteinzeit mit ihren sehr viel größeren Gemeinschaften entstanden jedoch auch allgemeinere Vorbilder: die wichtigen Ahnen im Jenseits und insbesondere der Urahn. Mit ihm war weiterhin das Motiv der Wiedergeburt verbunden, die man immer noch als Analogie zum Sonnenaufgang ansah. Dieser mit dem Sonnenaufgang assoziierte Urahn-Autorität gab man den Namen „Belu", d.h. man nannte ihn „den Leuchtenden" – er war, wenn man so will, das „leuchtende Vorbild". Diese Vorbild-Funktion zeigt sich u.a. darin, daß das Wort „belu" die Zweitbedeutung „Herr" entwickelte, woraus der Name des Sonnengott-Königs „Baal" entstand.

In der Jungsteinzeit entstanden die Mythen als eine allgemeine Beschreibung der Welt, die deutlich komplizierter als bei den kleinen Jägergruppen in der Altsteinzeit geworden war. Diese Mythen stellten u.a. das richtige Verhalten dar, d.h. sie waren die „Lehre des Urahn". Diese Richtigkeit wurde anfangs noch vor allem als eine Qualität der Großen Mutter angesehen – der Urahn war hingegen das Vorbild, das diese Richtigkeit lebt. Der Urahn übernahm teilweise der Elternrolle für die Menschen und gab ihnen Orientierung – er zeigte, „wie man richtig lebt".

Die Vorstellung einer Wiedergeburt wurde spätestens zu dieser Zeit durch das Motiv der Wiederzeugung und des Wiederstillens ergänzt. Dadurch wurde auch der Urahn im Jenseits zu einem Stier, Hirsch, Pferd, Ziegenbock oder einem anderen fruchtbaren und zeugungskräftigen Herdentier. Aus dieser Vorstellung ergab sich der Brauch, bei der Bestattung ein Herdentier für den (männlichen) Toten zu opfern und ihn mit diesem Tier zu identifizieren, um seine Zeugungskraft auf ihn zu übertragen, die er für die Wiederzeugung benötigte. Dadurch wurden die Ahnen zu „Gehörnten".

Die „Jenseits-Mutter" nahm die Gestalt des entsprechenden weiblichen Herdentieres an.

3. Kapitel: Indogermanen

Um 7.000 v.Chr. zogen ein Teil der mesopotamischen Bauern über den Kaukasus in die südrussische Ebene nördlich des Schwarzen Meeres und des Kaspischen Meeres. Dort spezialisierten sie sich nach und nach auf eine halbnomadische Lebensweise als Viehzüchter, durch die sie deutlich kämpferischer wurden als die Ackerbauern. Ab 2.800 v.Chr. begannen die Indogermanen dann in die angrenzenden Bereiche zu expandieren und die umliegenden Völker zu unterwerfen.

Bei den Indogermanen entwickelten sich die drei mit der Sonne verbundenen Worte noch einmal weiter:

	Sprachentwicklung	
Altsteinzeit	*Jungsteinzeit*	*Indogermanen*
zuwu (Sonne)	*sjaxu* (Sonne)	*sehul* (Sonne)
pulu (leuchten)	*belu* (leuchten, Sonne, Herr)	*bel* (leuchten, Sonne, Sonnengott)
djuwu (Tag)	*tuwu* (Tag)	*diu* (Tag, hell, scheinen)
		Dhyaus (Göttervater)
wulu (groß)	*wola* (groß)	*wal* (groß, viele, Pfosten)

Die bisherigen Vorstellungen über die Sonne blieben bei den Indogermanen weiterbestehen. Der Urahn wurde offenbar auch als „Tagesgott" umschrieben, woraus schließlich der indogermanische Name „Dyaus" für den Göttervater wurde.

Der Sonnenaufgang ist das zentrale Motiv der indogermanischen Religion: der Sonnengott-Göttervater Dhyaus wird durch die Himmelsgöttin Heusos jeden Morgen (wieder-)geboren.

Die Sonne wurde als flache Scheibe (Diskus) angesehen.

Das Herdentier, das bei der Bestattung eines Fürsten geopfert wurde, wurde durch eine rituelle Jagd oder, wenn ein Pferd geopfert wurde, durch ein Pferderennen ausgewählt. Daraus sind viele Jagdmythen entstanden wie z.B. die, die mit der griechischen Göttin Diana verbunden sind.

4. Kapitel: West-Indogermanen

Die westlichen Indogermanen sind noch einmal deutlich kriegerischer geworden, was sich auch in ihren Mythen zeigt:
- Der Göttervater Dhyaus wird zum kriegerischen Gott mit Schwert und Schild.
- Während seiner Reise durch die Unterwelt in der Nacht bzw. im Winter ist der Göttervater einarmig – er hat einen Arm bei seinem abendlichen bzw. herbstlichen Kampf, bei dem er getötet worden ist, verloren.
- Der Göttervater Dhyaus erhält den Beinamen „wal": „der Große".
- Die Sonnenscheibe wird als Schild des Göttervaters betrachtet.

Bei den westlichen Indogermanen entwickelten sich die vier „Sonnen-Worte" nur geringfügig weiter:

Sprachentwicklung			
Altsteinzeit	*Jungsteinzeit*	*Indogermanen*	*West-Indogermanen*
zuwu (Sonne)	*sjaxu* (Sonne)	*sehul* (Sonne)	*sul* (Sonne)
pulu (leuchten)	*belu* (leuchten, Sonne, Herr)	*bel* (leuchten, Sonne, Sonnengott)	*bel* (leuchten, Sonne, Sonnengott)
djuwu (Tag)	*tuwu* (Tag)	*diu* (Tag, hell, scheinen)	*dius* (Tag)
		Dhyaus (Göttervater)	*Dhyaus* (Göttervater)
wulu (groß)	*wola* (groß)	*wal* (groß, viele, Pfosten)	*wal* („der Große" = Beiname des Göttervaters)

5. Kapitel: Germanen, Kelten, Römer und Tocharer

In der Sprache entwickelt sich vor allem das Wort „wal" weiter. Es wird durch seine Verbindung mit dem Göttervater auch zu einer Bezeichnung für „Stärke, König, herrschen". Das Wort „wal" erhält vermutlich sowohl durch seine Verbindung mit dem Königtum als auch durch seine Verbindung mit der erfolgreichen Jenseitsreise die Zweit-Bedeutung „Ruhm".

Sprachentwicklung				
Alt-steinzeit	*Jung-steinzeit*	*Indo-germanen*	*West-Indo-germanen*	*Germanen, Kelten, Römer, Tocharer*
zuwu (Sonne)	*sjaxu* (Sonne)	*sehul* (Sonne)	*sul* (Sonne)	*sul* (Sonne)
pulu (leuchten)	*belu* (leuchten, Sonne, Herr)	*bel* (leuchten, Sonne, Sonnengott)	*bel* (leuchten, Sonne, Sonnengott)	*bel* (leuchten, Sonne, Sonnengott)
djuwu (Tag)	*tuwu* (Tag)	*diu* (Tag)	*dius* (Tag)	*dius* (Tag)
		Dyaus (Göttervater)	*Dyaus* (Göttervater)	*Dyaus* (Göttervater)
wulu (groß)	*wola* (groß)	*wal* (groß, viele, Pfosten)	*wal* („der Große" = Beiname des Göttervaters)	*wal* (Beiname des Göttervaters; Stärke, König, herrschen, Ruhm)

Die Sonnenscheibe wurde auch als Ring angesehen. Er wurde zum Symbol für die bestandene Jenseitsreise des Schamanen/Druiden/Priesters und des Fürsten bei seiner Krönung.

Die Erhaltung der Richtigkeit durch den Göttervater entwickelte sich spätestens zu dieser Zeit bei den Indogermanen zu einer selbständigen Gottheit, die verschiedene Namen trug wie z.B. „Apollon" bei den Griechen oder „Mithras" bei den Perser und Inder. Die gemeinsamen Vorfahren der Germanen, Kelten, Römer und Tocharer wählten den Beinamen „Bel" des Sonnengottes-Göttervaters als Bezeichnung für dessen Funktion der Erhaltung der Richtigkeit aus.

Aus ihm wurde bei den Kelten Bel(-enus). Bei den Germanen findet sich dieser alte Name des Sonnengottes nicht nur bei dem Asen Baldur, sondern auch bei dem Riesen Beli, der von Freyr beim Ragnarök mit einem Hirschgeweih erschlagen wurde – diese seltsame Todesart erinnert sehr an den „Sonnenhirsch" aus dem Sonnenlied der Edda. Bei den Römern scheint der Name „Bel" verlorengegangen zu sein.

Die Tocharer, die auch zu der westlichen Gruppe der Westgermanen zählen, zogen bis weit nach Osten in die Taklamakan-Wüste an der Westgrenze von China. Da sie erst eine Schrift erlernten, nachdem sie bereits seit längerer Zeit zum Buddhismus übergetreten waren, ist von ihrer ursprünglichen Religion so gut wie nichts überliefert worden.

6. Kapitel: Germanen

Die eigentliche Entstehung des Gottes Ullr aus dem Beinamen „wal" („der Große") des Göttervaters findet sich erst bei den Germanen, die ab 1.800 v.Chr. zu einem eigenständigen Volk wurden, als sie nach Skandinavien zogen.

Möglicherweise gab es aber schon vorher bei den gemeinsamen Vorfahren der Germanen, Kelten, Römer und Tocharer im ungarischen Tiefland Ansätze zu einem eigenständigen „wal"-Gott, da der keltische Held Uillin einige Ähnlichkeit mit Ullr hat.

Diese Entwicklung hat sich vermutlich in der kurzen Zeitspanne zwischen 2.100 v.Chr. und 1.800 v.Chr. abgespielt haben, da vorher die Slawen und Balten (die keinen solchen „wal"-Gott kennen) noch ein Teil dieses indogermanischen Zweiges waren und sich danach die Germanen bereits von diesem Zweig getrennt hatten.

Der Göttervater wurde bei den Germanen „Tiwaz" genannt, der Richtigkeitsgott „Baldur", die Sonne am Himmel „sun" und die Sonnengöttin „Sol". „Wuldor" (Ullr) ist zunächst der Gott des Königtums, der Stärke und der Ehre.

Das Wiedergeburtsmotiv des Sonnengott-Göttervaters Tiwaz (Tyr) findet sich auch bei dem Richtigkeitsgott Baldur, da dieser aus einem Aspekt des Göttervaters heraus entstanden ist.

Sprachentwicklung					
Alt-steinzeit	*Jung-steinzeit*	*Indo-germanen*	*West-Indo-germanen*	*Germanen, Kelten, Römer, Tocharer*	*Germanen*
zuwu (Sonne)	*sjaxu* (Sonne)	*sehul* (Sonne)	*sul* (Sonne)	*sul* (Sonne)	*Sol* (Sonnengöttin)
					sun(-na) (Sonne)
pulu (leuchten)	*belu* (leuchten, Sonne, Herr)	*bel* (leuchten, Sonne, Sonnengott)	*bel* (leuchten, Sonne, Sonnengott)	*bel* (leuchten, Sonne, Sonnengott)	*Baldur, Beli* (Kelten: *Belenus*)
djuwu (Tag)	*tuwu* (Tag)	*diu* (Tag, hell, scheinen)	*dius* (Tag)	*dius* (Tag)	*daga* (Tag) *Dag* (Gott, Sonne) (Kelten: *Dagda, Nuada*)
		Dhyaus (Göttervater)	*Dhyaus* (Göttervater)	*Dhyaus* (Göttervater)	*Tiwaz* (Göttervater)
wulu (groß)	*wola* (groß)	*wal* (groß, viele, Pfosten)	*wal* („der Große" = Beiname des Göttervaters)	*wal* (Beiname des Göttervaters, Stärke, König, herrschen, Ruhm)	*Wuldur* (Beiname des Göttervaters, Stärke, König, herrschen, Ruhm)

Die Sonne und auch der „Sonnenschild" des Göttervaters wurden als Scheibe mit einem Kreuz dargestellt. Anstelle des Kreuzes tritt manchmal auch ein Doppelkreuz auf, d.h. ein „achtspeichiges Rad", das schon bei den Indogermanen ein Symbol für die Richtigkeit gewesen ist.

7. Kapitel: Mysterienkulte

Um 600 v.Chr. wurde kollektiv die Selbstverantwortung entdeckt: Jeder wurde als sein eigener König angesehen. Diese neue Haltung, die an die Stelle der Abhängigkeit von den Göttern trat, wurde von Lao-tse, Kung-fu-tse, Buddha, Jaina, Patanjali, Zarathustra, Zalmoxis, Pythagoras und anderen gelehrt. Sie alle lebten um ca. 600 v.Chr.

Um das Erreichen dieses Ziel zu ermöglichen, wurden die Jenseitsreise-Rituale, die bis dahin nur den Schamanen-Priestern und den Fürsten bei ihrer Krönung offenstanden, zu einem kollektiven Ritual umgeformt: die Mysterien. Am bekanntesten sind die Mysterien von Eleusis und die des Mithras, aber es gab auch die Mysterien des Dionysos, die des Orpheus, die von Samothrake, die des Sol invictus, die des Dis pater und andere mehr.

Da die Jenseitsreise eine Reise in den Bereich der Seelen ist, war sie auch am besten dafür geeignet, die eigene Seele zu finden. Die Bewußtheit über die eigene Seele war in diesem Zusammenhang deshalb so wichtig, weil sie die Grundlage der Eigenständigkeit bildet.

Vor allem die Inder, aber auch einige andere Völker entwickelten die Jenseitsreise der Schamanen nicht nur zu Mysterien-Ritualen, sondern auch zu Meditationen weiter. Diese Meditationen, die von vielen den Lehrern um 600 v.Chr. empfohlen wurden, waren von ihrer Grundstruktur her vor allem eine innerlich durchgeführte Jenseitsreise.

Durch diese Entwicklung wurde der „Sonnenring", der bei den Germanen, Kelten und Römern bisher ein Zeichen der Fürsten und Schamanen-Priester gewesen war, auch zu einem Symbol dafür, daß man an einer Mysterien-Einweihung teilgenommen hatte, d.h. zu einem Zeichen für die erfolgreiche Jenseitsreise. Dadurch wurde der keltische Torque und der germanische Draupnir zu einem Symbol, das jedermann erwerben konnte.

Bei den Kelten wurden diese Jenseitsreisen von den Druiden angeleitet und bei den Germanen von den Diar. Der keltische Kessel von Gundestrup zeigt eine solche Jenseitsreise bei den Kelten, während die Goldhörner von Gallehus und der Runenstein von Bunge eine solche Reise bei den Germanen illustrieren.

Odin entwickelte sich in dieser Zeit vom Mysterien-Priester zum Schamanengott weiter.

8. Kapitel: Germanen in Südskandinavien

Bei den Germanen in Südskandinavien wurde der Göttervater hauptsächlich „Ullr" genannt. Dieser Name verdrängte den früheren Namen „Tyr". Ullr wurde wie Tyr mit Sonnenschild und Schwert dargestellt. Insbesondere der Sonnenschild war eine feste Assoziation zu dem Gott Ullr. Der Sonnenschild mit dem achtstrahligen Stern war vermutlich auch ein Symbol der Richtigkeit.

Ab welchem Zeitpunkt Ullr in Südskandinavien den Tyr ablöste, läßt sich nicht genau sagen. Es wird wohl deutlich nach dem Beginn der Einwanderung der Germanen in Südskandinavien um 1.800 v.Chr. gewesen sein, da der Name Tyr/Dyaus in der frühen Zeit der indogermanischen Völker noch überall der Name des Göttervaters gewesen ist. Das Ersetzen von „Tyr" durch „Ullr" muß schon vor der Völkerwanderungszeit stattgefunden haben, da die meisten nach dem Gott Ullr benannten Siedlungen in Südskandinavien schon vorher bestanden haben.

In Schweden wurden die ersten Städte erst um 990 n.Chr. gegründet (Sigtuna und Lund). Die Ullr-Ortsnamen bezeichnen jedoch oft auch kleine Dörfer oder einzelne Bauernhöfe, die oft bis weit in die Frühzeit der Germanen in Südskandinavien zurückreichen. Daher läßt sich mithilfe dieser Ortsnamen leider nichts genaueres über den Zeitpunkt herausfinden, ab dem der Name „Ullr" den Namen „Tyr" ablöste. Da es kaum Ortsnamen mit „Tyr" in Südskandinavien gibt, muß der Name „Ullr" jedoch schon sehr früh zur Bezeichnung des Göttervaters geworden sein.

Den vielen Schild-Kenningar des Ullr zufolge muß der Sonnenschild sein wichtigstes Kennzeichen gewesen sein. Vermutlich wurde das Schwert enger mit dem Tages/Diesseits-Göttervater Tyr assoziiert, während der Schild enger mit dem Nacht/Jenseits-Göttervater Ullr verbunden war.

Wahrscheinlich jagte Ullr (zumindestens in symbolischer Hinsicht) auch den Hirsch, der bei Bestattungen, Krönungen und Einweihungen für den Jenseitsreisenden geopfert wurde. Dies könnte die Ursache für die Beschreibung des Ullr als Bogen-Gott gewesen sein. Auf den Goldhörnern von Gallehus finden sich drei Bogenschützen, die vermutlich den Schamanen darstellen, der im Ritual den Opfer-Hirsch jagte.

Da die Wildnis und der Winter Symbole für das Jenseits waren, wurden auch Ullrs Schneeschuhe zu einem festen Symbol dieses Gottes – sie könnten ein Hinweis auf die Jenseitsreise gewesen sein, für die er den Hirsch jagte und auf der er die Menschen begleitete.

Diese Vermutung wird dadurch unterstützt, daß die Sonne bei den frühen Indogermanen und allgemein in der Jungsteinzeit als Wanderer aufgefaßt worden ist, was zu dem Motiv des verlorenen Schuhes beim Eintritt des Sonnengottes in das Jenseits führte – wahrscheinlich ist dieses Motiv eine Verharmlosung seines Todes. Es ist u.a. von den keltischen Sonnengöttern, aber auch von dem Asen Widar und von dem griechischen Helden Jason bekannt – und findet sich auch in den altägyptischen Märchen und etwas verändert sogar noch in „Aschenputtel".

Das Bild der nächtlichen bzw. winterlichen Jenseitsreise des Göttervaters Tyr hat sich vor allem bei Baldur erhalten, der den Richtigkeits- und Sommer-Aspekt des Göttervaters, also des zweihändigen Tyr verkörperte. Dieses Motiv wird aber auch den Ullr beeinflußt haben, der die Nacht, den Winter, das Eis und den einarmigen Tyr repräsentierte. Baldur und Ullr waren somit letztlich derselbe Gott: Tyrs Erhalten der Richtigkeit (Baldur) und Tyrs Größe (Ullr), der Tages/Sommer/Diesseits-Tyr (Baldur) und der Nacht/Winter/Jenseits-Tyr (Ullr). Vermutlich wurden Baldur und Tyr aus diesem Grund als Freude angesehen.

Aus dem Herdentier-Opfer bei der Jenseitsreise hat sich bei Freyr/Odin das Fell als Jenseitsreise-Schiff entwickelt (Skidbladnir) und in den Mythen des Ullr der „magische Knochen" als Jenseitsreise-Schiff. Thor benutzt sowohl Fell als auch Knochen, um seine beiden Ziegenböcke nach deren Verspeisen wieder neu zu erschaffen.

Die Halle des Ullr in Ydalir („Eibental") hat wahrscheinlich dieselbe Symbolik wie die Mistel, da beide immergrüne Pflanzen waren und somit die Hoffnung auf den nächsten Frühling und auch auf die eigene Wiedergeburt darstellten. Die Eibe war auch deshalb der Baum des Ullr, weil man aus ihren Zweigen Bögen herstellte.

In der Zeit zwischen 600 v.Chr. (Mysterien) und 100 n.Chr. (Bericht des Tacitus) wurde Odin zum Göttervater der Südgermanen.

9. Kapitel: Germanen nach der Völkerwanderungszeit

Ab dem Ende der Völkerwanderungszeit, d.h. ab ca. 650 n.Chr., ist Odin auch bei den Nordgermanen zum Göttervater geworden und hat sowohl Tyr als auch Ullr abgelöst. Ullr war danach nur noch ein untergeordneter Schild-, Ski- und Bogen-Gott. Odin übernahm auch anstelle des Ullr die Jagd auf den Hirsch, der nun mit Odins Speer Gungnir statt mit den Pfeilen des Ullr erlegt wurde.

Dadurch, daß Odin an die Stelle des Tyr trat, wurde Baldur als ein Aspekt und früher vielleicht auch einmal Sohn des Tyr nun zum Sohn des Odin. Ullr als der Jenseits-Aspekt des Tyr wurde zum Sohn des Loki, der den Unterwelt-Gegenpol des Odin verkörperte. Vermutlich ist Ullrs Mutter Sif früher einmal die Frau und aufgrund der Jenseitsreisesymbolik auch die Mutter des wiedergeborenen Tyr gewesen. An die Stelle des jungen, wiedergeborenen Göttervaters Tyr trat in den neuen Odin-zentrierten Mythen der Donnergott Thor.

Charakter des Ullr	
vor der Völkerwanderungszeit	**nach der Völkerwanderungszeit**
Göttervater Tyr	Göttervater Odin
Baldur: Tyr als Erhalter der Richtigkeit (Sohn des Tyr?)	Baldur: Sohn des Odin
Ullr: Tyr in der Unterwelt, wiedergeborener Tyr	Ullr: Gott des Winters (=Jenseits); Sohn des Jenseitsgottes Loki
Sif: Große Mutter, die alle wiedergebiert	Sif: Mutter des Ullr

Während der Völkerwanderungszeit ist die germanische Mythologie vermutlich noch einmal kriegerischer als vorher geworden, was sich u.a. an der Ausbildung des „Kriegshelden" Sigurd/Siegfried zeigt, der alle kampftauglichen Attribute von Tyr, Thor, Odin und Baldur in sich vereinte. In dieser Zeit trat vermutlich auch der

„Kampf" zwischen Baldur und Hödur/Loki die Stelle der Freundschaft zwischen Baldur und Ullr als Bild für den Wechsel zwischen Sommer und Winter.

Sprachentwicklung						
Alt-steinzeit	*Jung-steinzeit*	*Indo-germanen*	*West-Indo-germanen*	*Germanen, Kelten, Römer, Tocharer*	*Germanen*	
					Frühzeit	*Spätzeit*
zuwu (Sonne)	*sjaxu* (Sonne)	*sehul* (Sonne)	*sul* (Sonne)	*sul* (Sonne)	*Sol* (Sonnengöttin)	*Sol* (Sonnengöttin)
					sun(-na) (Sonne)	*sunna* (Sonne)
pulu (leuchten)	*belu* (leuchten, Sonne, Herr)	*bel* (leuchten, Sonne, Sonnengott)	*bel* (leuchten, Sonne, Sonnengott)	*bel* (leuchten, Sonne, Sonnengott)	*Baldur, Beli*	*Baldur, Beli*
					(Kelten: *Belenus*)	
djuwu (Tag)	*tuwu* (Tag)	*diu* (Tag, hell, scheinen)	*dius* (Tag)	*dius* (Tag)	*daga* (Tag) *Dag* (Gott)	*dag* (Tag) *Dag* (Gott, Sonne)
					(Kelten: *Dagda, Nuada*)	
		Dhyaus (Göttervater)	*Dhyaus* (Göttervater)	*Dhyaus* (Göttervater)	*Tiwaz* (Göttervater)	*Tyr* (Göttervater im Diesseits)
wulu (groß)	*wola* (groß)	*wal* (groß, viele, Pfosten)	*wal* („der Große" = Beiname des Göttervaters)	*wal* (Beiname des Göttervaters, Stärke, König, herrschen, Ruhm)	*Wuldur* (Beiname des Göttervaters, Stärke, Ruhm)	*Ullr* (Göttervater im Jenseits)
						(Kelten: *Uillin*)

10. Kapitel: europäisches Mittelalter

Im Mittelalter hat sich in Europa vor allem die rituelle Jagd auf den Hirsch als Motiv erhalten können. Diese „Wilde Jagd" wurde von Odin angeführt, der sie vermutlich von Ullr übernommen hat.

11. Kapitel: heute

Seit ca. 1950 ist das auf eine Medaille geprägte Bild des Gottes Ullr ein beliebtes Amulett der Skifahrer geworden. Der „Schutzpatron Ullr" entspricht recht gut dem Heiligen Christopherus, der die Autofahrer beschützt und auf den Jenseitsfährmann zurückgeht.

Ullr-Talisman, Allgäu

Ullr-Talisman, Erzgebirge (die Initialien des Trägers werden beim Kauf eingefügt)

Ullr-Talisman, USA; Vorderseite: Ullr; Rückseite: Ullrs Sonnenschild

Ullr-Talisman, USA *Ullr-Talisman, Deutschland*
(Inschrift: Ullr – good luck)

Ullr-Talisman, Deutschland

Ullr-Talisman, Deutschland

Ullr-Talisman, Österreich

Ullr-Talisman, USA

Ullr-Talisman, USA

XIV Das Aussehen des Ullr

Über das Aussehen des Ullr ist leider nur wenig bekannt. Er ist als Gott des Jenseits vermutlich ein eher alter Gott – allerdings wird von ihm gesagt, daß er „schön von Angesicht" sei.

Sein auf dem Runenstein von Böksta spitz zulaufender langer Bart und seine Haare könnten weiß sein.

Er trägt sicherlich warme Winterkleidung, die weiß und teilweise braun sein könnte, damit sie bei der Jagd im Schnee nicht auffällt. Möglciherweise trägt er keinen Helm, sondern eine Fellmütze.

Es gibt zwei grundlegend verschiedene Darstellungsweisen des Ullr: Zum einen ist er der Gott auf Skiern mit Pfeil und Bogen in seinen Händen und zum anderen ist er der Schildgott. Ein Schild in der Hand verträgt sich jedoch nicht gut mit dem Bogenschießen. Zudem wird bei Ullr nie ein Schwert oder eine Axt erwähnt, die zusammen mit dem Schild beim Kampf als Angriffswaffe benötigt werden würde. Daher gibt es die Darstellung des Ullr als Jäger auf Skiern und die Darstellung als Sonnenschild-Ase.

Diesen Sonnenschild könnte Ullr evtl. mit zwei Händen vor sich halten. Die Muster auf dem Sonnenschild werden denen der germanischen Steinritzungen entsprechen – im Wesentlichen sind sie ein Kreis mit einem Kreuz: das „Draupnir-Kreuz". Die Darstellung auf dem goldenen Trinkhorn von Gallehus (400 n.Chr.) zeigen Tyr-Ullr mit Schwert und Sonnenschild (sowie den Mondgott mit seinem „Mondschild").

Auch die Szene, in der Ullrs Sonnenschild als „segnender Deckel" auf dem Kessel liegt, in dem das Fleisch des Opfertieres gekocht wird, dessen Fell und Knochen bei der Jenseitsreise („Utiseta") benutzt werden, kann in das Bild des Ullr miteinbezogen werden.

Ullrs Wohnort ist seine Halle im Eibental, wobei man unter „Halle" wohl ein germanisches Langhaus verstehen kann – das vermutlich tief eingeschneit ist.

Eine Möglichkeit, diese beiden verschiedenen Bilder des Ullr zu kombinieren, ist die folgende Szenerie:

In einem verschneiten Tal steht die Halle des Ullr in einer großen Lichtung in einem Eibenwald, der sich die Hänge des Tales hinauf erstreckt. Vielleicht stehen auch rings um seine Halle einige alte Eiben. An der Stirnseite seiner Halle ist evtl. ein Hirschgeweih angebracht. Neben dem Hirschgeweih könnte links und rechts je eine Mistel hängen. Statt dem Hirschgeweih könnte dort auch der Sonnenschild hängen.

Vor der Halle bricht der warm gekleidete, weißbärtige und weißhaarige Ullr auf Skiern mit Pfeil und Bogen in seinen Händen zur Hirschjagd auf. Er trägt evtl. einen weißen Umhang.

Im Hintergrund ist eine sehr große, halbdurchsichtige Gestalt zu sehen, die mit beiden Händen den Sonnenschild vor ihrem Sonnengeflecht-Chakra hält. Dieser Sonnenschild ist zugleich die Sonne in diesem Bild.

XV   Der Weg zu Ullr

Der Gott Ullr hat unter den germanischen Göttern eine Sonderstellung, da er als Schutzpatron des SkifahrerInnen noch immer in den (winterlichen) Alltag integriert ist. Vermutlich gibt es heute weitaus mehr Ullr-Ski-Talismane als es jemals dem Ullr geweihte Ringe gegeben hat. Falls man zu dem Gott Ullr Kontakt finden möchte, liegt es daher nahe, Ullr beim Ski- und Schlittenfahren um Hilfe und Schutz zu bitten.

Solch ein ganz pragmatisch-praktischer Ansatz hat vieles für sich, da Götter ja nicht in erster Linie Gegenstand akademischer Untersuchungen sind, sondern eigenständige Wesen und eine Quelle der Hilfe.

Man kann Ullr auch konkret mit Worten um Hilfe für eine ganz bestimmte Abfahrt bitten, um Kraft für den letzten Teil eines Langlaufes, bei dem man die eigene Stärke überschätzt hat, um genügend Schnee auf der Loipe und ähnliches mehr.

Solche Wünsche können zwar durchaus ganz präzise formuliert werden wie z.B. „10 cm Neuschnee", aber es ist empfehlenswert, es auch einmal mit „übergeordneten Wünschen" zu versuchen wie „Ich wünsche mir für morgen einen wunderschönen Tag in diesem Winterurlaub." Bei dieser zweiten Art von Wünschen haben die Götter mehr Spielraum bei der Erfüllung der eigenen Wünsche – weshalb die Ergebnisse auch erfreuliche Überraschungen enthalten können, die durch die ganz konkreten Wünsche eher verhindert werden. Die Götter mischen sich nicht in den eigenen freien Willen ein …

In einem zweiten Schritt kann man dann das Thema der Wünsche an Ullr auf schöne Schneewanderungen, nette Bekanntschaften auf der Piste, Erfolg im Bogenschießen und ähnliches ausdehnen.

Eine deutliche Weitung der Bitten an Ullr wäre eine allgemeine klare Ausrichtung auf die eigenen Ziele (Bogenschütze), Eleganz beim Erreichen der eigenen Ziele (wie ein Abfahrts-Skiläufer) oder eine wärmende innere Sonne auch in frostigen Zeiten (Sonnenschild des Ullr).

Letztlich geht es bei Gottheiten nicht darum, nur ihre Mythen zu studieren, und auch nicht darum, lediglich möglichst oft über sie zu meditieren und Traumreisen zu ihnen zu unternehmen, sondern darum, sie persönlich kennenzulernen und durch ihre Hilfe ein glücklicheres Leben führen zu können. Das eigene Tun sollte sich stets daran orientieren, wie man ein möglichst glückliches Leben führen kann – und dabei kann der Kontakt zu Gottheiten eine große Hilfe sein.

Die Qualität von Gottheiten ist eindeutig und grenzenlos – im Gegensatz zu der Qualität der Menschen, die begrenzt, vielfältig und wandelbar sind. Daher sind die Auswirkungen des Willens einer Gottheit deutlich größer als die eines Menschen – zumal eine Gottheit als „abgrenzungsloses Wesen" außerdem auch noch eine wesentlich umfassendere Wahrnehmung hat. Als Mensch kann man „vor Ort" die Dinge möglichst gut managen, während eine Gottheit Treffen mit hilfreichen Menschen, förderliche Zufälle u.ä. arrangieren kann. Die Hilfe durch eine Gottheit liegt auf einer „übergeordneten Ebene", die nicht auf das Hier und Jetzt begrenzt ist, sondern die Gesamtheit aller Dinge und Möglichkeiten miteinbezieht.

Dadurch, daß man eine Gottheit um etwas bittet, was in ihrem Wesen liegt, gibt man der Gottheit eine Möglichkeit, sich auszudrücken und zu erden – und man selber kommt deutlich leichter zu dem Erlebnis, das man anstrebt. Solche Bitten an eine Gottheit sind daher eine „zweiseitige Wunscherfüllung": Man selber erhält in seinem eigenen Leben den erwünschten Zustand und die Gottheit hat eine Gelegenheit mehr, ihr eigenes Wesen auszudrücken, zu erden und zu manifestieren.

In diesem Zusammenhang sind Anrufungen, Gebete, Traumreise, Meditationen, Rituale u.ä. vor allem sinnvoll, um den Kontakt zu einer Gottheit herzustellen. Je lebendiger das innere Bild, das man von einer Gottheit hat, oder das Erleben dieser Gottheit in den äußeren Ereignissen ist, desto selbstverständlicher wird man diese Gottheit um etwas bitten können oder sich in den Situationen, in denen man die Qualität dieser Gottheit benötigt, sich innerlich mit ihr verbinden können.

Die hilfreichste Methode, um ein lebendiges Bild einer Gottheit zu erlangen und auch, um neue Möglichkeiten des eigenen Handelns durch das Erlebnis dieser Gottheit zu finden, ist die Traumreise. Solch eine Traumreise ist ein willentlich herbeigeführter Tagtraum, bei dem man das Thema des Traumes selber bestimmt.

Man wählt dazu ein Thema aus, setzt oder legt sich bequem hin und schaut dann, welche inneren Eindrücke aufsteigen. Dabei sollte man zunächst einmal jedes Bild, jeden Eindruck und jeden Gedanken einfach annehmen, betrachten und schauen, was weiter geschieht. Anschließend ist es sinnvoll, das Erlebte zumindestens in Stichpunkten aufzuschreiben, da man den Inhalt solcher Traumreisen sonst ähnlich wie die nächtlichen Träume schnell vergißt.

Anschließend kann man die Bilder und Worte einer solchen Traumreise betrachten und schauen, ob einem dazu noch weitere Assoziationen kommen. Dadurch kann sich der Inhalt einer solchen Traumreise noch weiter vertiefen.

Die Inhalte einer solchen Traumreise entsprechen erfahrungsgemäß sehr genau dem ausgewählten Thema. Die Bilder, durch die sich diese Inhalte ausdrücken, sind hingegen sehr individuell – es ist, als ob dieser Inhalt (in diesem Fall der Gott Ullr) mithilfe der Bilder aus der Psyche des Traumreisenden diesem das sagt, was er mitteilen will. Einfacher gesagt: In einer Traumreise benutzt Ullr die inneren Bilder dessen, der ihn besuchen kommt, um sich mithilfe dieser Bilder seinem Besucher verständlich zu machen – Ullr ist also so freundlich, die Sprache seines Besuchers zu sprechen.

Es ist daher unwahrscheinlich, daß zwei Menschen zwei verschiedene Eigenschaften bei ein und demselben Gott erleben, aber es ist recht wahrscheinlich, daß sie diese Qualität unterschiedlich ausgedrückt sehen. So kann z.B. eine Qualität wie Stärke als Schwert, dicker Bizeps, das Fahren in einem roten Jaguar und vieles andere mehr erscheinen.

XVI Hymnen an Ullr

Die folgenden Hymnen an Ullr und Lieder über ihn sind keine germanischen Originale. Sie vor sind allem „Gebrauchslyrik", d.h. Hilfen bei Meditationen über Ullr, Ullr-Ritualen u.ä. Sie folgen zumindestens teilweise den Regeln der germanischen Skalden für das Verfassen von Gedichten.

Sie können in der vorliegenden Form benutzt, aber genausogut auch gekürzt, erweitert oder umgeschrieben werden. Wenn sie in irgendeiner Weise das Wesen des Ullr deutlicher machen oder dazu anregen, diese Anrufungen an Ullr umzuschreiben oder selber Verse über den Schneegott zu verfassen, dann haben diese Hymnen ihren Sinn erfüllt.

1. Verse an den Schneeschuhgott

Die folgenden Verse sind an Ullr als den „modernen Gott" der Skifahrer gerichtet.

Hey, Ullr! Hilf mir heil hinab zu kommen!
Voll Freude über festen Firn zu fahren
und leicht in langer Loipe zu laufen!

Hey, Ullr! Hilf mir heil hinab zu kommen!
Schwungvoll über die Schanze zu schießen
und schwingend im Slalom zu sausen!

Hey, Ullr! Dank für Deine weißen Winterfreuden!
Schneeballschlachten, Schneeschuhlaufen,
Iglubauen, Eisstock schießen!

Hey, Ullr! Dank für Deine weißen Winterfreuden!
mit vielen Freunden feiern
und mit dem Liebsten lang im Neuschnee laufen!

Hey Ullr! Danke!

Anmerkungen:
- *Firn* ist Schnee vom letzten Jahr, der sich während des Sommers auf ca. ein Achtel des Volumens zusammengedrückt hat und deshalb sehr fest ist.
- Eine *Loipe* ist die vorgefertigte Spur im Schnee für den Ski-Langlauf.
- Der *Eisstock* sieht in etwa so aus wie der Ständer eines Sonnenschirmes. Mit ihm wird auf einer Eisfläche gespielt. Die Regeln ähnen dem Boule-Spiel.

2. Bitte um Hilfe an den Schildgott

Ullr, Ase mit dem Sonnenschild,
weise mir weiter meinen Weg
– es ist kalt in der kahlen Kluft,
und Schnee fällt, füllt den Pfad.

Ullr, Ase mit dem Sonnenschild,
ich gehe diese Gasse ganz allein
– wo ist der Nordstern in dieser Nebelnacht?
Zeig' mir ein Zeichen zu meinem Ziel!

Ullr, Ase mit dem Sonnenschild,
laß Deinen Goldschild gleißend leuchten,
am Himmel und hier in meiner Brust,
laß das Licht der Liebe nicht verlöschen!

   Ullr, Ase mit dem Sonnenschild,
   Du weißt die windkalten Wege der Nacht,
   Du tratst oft schon durch das Tor des Todes,
   Du kennst das Elend des eisigen Endes.

Ullr, Ase mit dem Sonnenschild,
entfache das Feuer des Fafnir in mir,
hebe die Esche in mir empor,
hilf meinem Vogel die Flügel entfalten.

Ullr, Ase mit dem Sonnenschild,
mach' es mir leichter, mein Lied zu singen,
hilf mir, meinen Tanz zu tanzen
und mein Licht leuchten zu lassen!

Ullr, Ase mit dem Sonnenschild,
gib' mir ein Maß von des Mjöllnir-Schwingers Mut,
gib' mir ein Lot von der lichten Asin Liebe
und ein wenig von Wegtams Weisheit!

Ullr, Ase mit dem Sonnenschild,
Du hütest das heiße Herz der Sonne,
Du liebst das Licht, das aus sich selber leuchtet,
Du reist im Rhythmus von Tag und Nacht.

Ullr, Ase mit dem Sonnenschild,
führe mich auf meinem Pfad!

Anmerkungen:
- *Nordstern*: Er war für die Wikinger und alle frühen Seefahrer und Wanderer die Orientierung in der Nacht, da der Polarstern („Nordstern") genau im Norden über der Erdachse steht. Der Polarstern steht als einziger Stern stets unbewegt im Norden, da die Erdachse genau auf ihn zeigt. Daher steht in den indogermanischen Mythen auch der Weltenbaum oft unter dem Polarstern und berührt dort, wo er steht, den Himmel. Der „Nordstern" ist somit nicht nur eine geographische, sondern auch eine spirituell-religiöse Orientierung in der Welt.
- „*Fafnir*" ist der Drache, den Siegfried erschlägt. „*Fafnir*" ist hier eine Heiti für „Kundalinischlange".
- Mit der „*Esche*" ist die Weltesche Yggdrasil gemeint. Sie ist hier eine Heiti für die Sushumna, also dem senkrechten „Kanal" in der Körpermitte, in der das Kundalinifeuer aufsteigt und dabei alles Verdrängte bewußt werden läßt und heilt.
- Mit dem „*Vogel*" ist der Seelenvogel gemeint, der beim Aufsteigen der Kundalini oft wie bei einem Nahtod-Erlebnis den Körper vorübergehend verläßt. Das Entfalten der Flügel des Seelenvogels ist hier ein Bild für die Selbsterkenntnis.
- „*Mjöllnir*" ist Thors Hammer. Der „*Mjöllnir-Schwinger*" ist daher der mutige und starke Ase Thor.
- Ein „*Lot*" ist eine alte Gewichtseinheit von ca. 15g.
- „*Lichte Asin*" ist hier eine Kenning für Freya.
- „*Wegtam*" ist ein häufige Deckname des Odin.

3. Die rituelle Hirschjagd

Bogen-Ase, bitte komme bald,
Ullr, wir rufen Dich zu uns:
Einem Greis graben wir das Grab,
einer Greisin geben wir die letzten Gaben.

Bogen-Ase, bitte komme bald,
Ullr, wir rufen Dich zu uns:
Ein Schamane will den Sonnen-Asen schauen,
ein Priester will den Pfad der Toten gehen.

Bogen-Ase, bitte komme bald,
Ullr, wir rufen Dich zu uns:
Ein Fürst folgt seinem Vater auf dem Thron,
Ein König sucht der Asen Segen bei der Krönung.

Bogen-Ase, bitte komme bald,
Ullr, wir rufen Dich zu uns:
Der Gode geht zum Utiseta,
Der Gode greift das Fell und setzt sich nieder.

Ullr, uns fehlt das frische Fell,
um aufzusteigen nach Asgard,
um die Höhle der Hel zu betreten,
um von Freya wiedergeboren zu werden.

Der Tote schätzt den stärksten Stier,
Der Seher wählt den wildesten Eber,
Der Fürst greift den größten Hirsch,
Der Priester nimmt das schnellste Pferd.

Der Weg in die Wildnis ist weit,
Der Aufstieg zu Asgard ist steil,
Der Pfad zur Hel-Pforte ist finster,
doch Freya wartet, die fruchtbare Asin.

Ullr, hilf uns zu treffend das richtige Tier,
wähle das Wild weise für uns,
lenke die Lanze über die Lichtung,
daß die Reise zu den Ratern uns gut gerät.

Der Eis-Ase im Eibental
verläßt seine hohe Halle,
schneidet auf Skiern den Schnee,
den Bogen gepackt, blickt er auf zu den Bergen.

Schnee führt der Wind, Eis funkelt,
Berge unbeugsam, Bäume bar im Wintergewand;
der Ase zieht schweigend zum Ziel
durch Stämme und Steine und Fels.

Sterne blinken, Nordlicht leuchtet,
Eis-Bach in Klüften, See aus Kristall;
Ullr sucht Fährten von fliehendem Wild,
sucht Spuren von springendem Hirsch.

Wind weht, Wölfe heulen,
Felsen knacken, Kufen knirschen;
Der Bogen-Ase sieht den Besten
der Hirsche hier in den Hügeln.

Atem dampft, Abend dunkelt,
Raben krächzen, Firneis knackt,
Der Schneeschuh-Ase folgt der Fährte,
sieht den Äste-König an des Waldes Küste.

Leiser Gang gegen den Wind,
ein weißer Schatten auf dem Winterweg,
schlanker Pfeil auf der schimmernden Sehne,
der Hirsch hebt das Haupt.

Der pfeifende Pfeil fliegt wie ein Blitz,
findet ohne zu zögern sein Ziel,
der Waldkönig wankt und er fällt,
seine Seele schwebt zur Großen Hindin.

Ullr, ich danke Dir für Deine Gabe,
nun kann ich die Ahnen bitten zu kommen,
auf dem Fell fahre ich zu ihnen hin –
Ullr, unser Jäger für das Utiseta.

Anmerkungen:
 - Ein „*Gode*" ist ein Priester, Gelehrter und politischer Führer der Germanen. Er entspricht den Druiden der Kelten.
 - Beim „*Utiseta*" („Draußensitzen") legt man ein Fell nebenein Grab oder auf ein Hügelgrab, setzt sich auf das Fell und ruft dann die Ahnen aus diesem Grab herbei bzw. reist innerlich zu ihnen. Diese Fellsymbolik stammt aus dem Bestattungsritual. Der mittelalterlicher Nachfolger dieses Utiseta-Felles ist der Bannkreis an einem Kreuzweg, in dem der Magier („Nekromant") bei der Totenbeschwörung steht.
 - „*Freya*" war ursprünglich die Göttin der Wiedergeburt. Sie hat sich wie auch die römische Venus und die griechische Aphrodite aufgrund der Wiederzeugungssymbolik auch zur Geliebten entwickelt – womit sie von Loki in der Lokasenna verspottet wird.
 - „*Rater*" ist eine beliebte Heiti für „Ase",
 - „*Eis-Ase*" ist eine Kenning für „Ullr".
 - Das Wort „*bar*" ist eine veraltete Bezeichnung für „nackt", die heute vor allem noch in „barfuß" und manchmal in „barhäuptig" (ohne Hut) benutzt wird.
 - „*Äste-König*" ist eine Kenning für „Hirsch", die sich auf sein Geweih bezieht.
 - „*Wald-König*" ist ebenfalls eine Kenning für „Hirsch".
 - Die „*Große Hindin*" ist die Muttergöttin der Hirsche.

4. Baldur und Ullr

Schnee fällt, Wasser friert, Eis funkelt,
Weiß bedeckt die weiten Wälder.
Ullr jagt braune Bären in den Bergen,
Rauch ringelt sich empor im Eibental.

Der Bogen-Ase trägt das Wildbret heim,
über ihm leuchtet das Licht des Nordens;
der Schneeschuh-Ase kommt zurück nach Ydalir,
zur Halle im Hag der hohen Eiben.

Im Spätherbst, in der Hödur-Zeit,
friert in den Ebenen das erste Eis;
Die Gänse suchen südwärts Sonne –
Ein Wand'rer nimmt den Weg nach Norden.

Das Eibental betrat Hermodrs Bruder,
Nach Ydalir führt Wegtams Sohn der Weg,
Es pocht im Schneegestöber an die Pforte,
Es tritt zum Tor der Eibental-Ase.

Da sieht Sifs Sohn den Sonnen-Haar,
den Freund mit Freude er umarmt;
Da stehen Hand in Hand die Hohen:
der Gott des Schweigens und der Wahrheit-Ase.

Baldur sitzt beim Feuer, blickt in die Glut:
der Sommer ist geschwunden, die Sonne ruht;
Das Reich des Ullr reicht nun bis zum Strand,
Der Krieger-Ase steht in voller Kraft.

Das Licht des Sonnenhirsches schwindet rasch
bei Odins Sohn, bei der Sorge der Frigg;
zugleich wächst es zu lichtem Leuchten
beim Schneeschuh-Asen, beim besten Schützen.

In den Wogen des Wandels, am Weg des Wechsels
steht der stets grüne Stamm in Ydalir:
der Bruder der Mistel mit milchweißen Beeren –
ein Bild des Festen im Fluß aller Dinge.

Baldur und Ullr tragen beide den Ring:
Baldur den Draupnir, des Sindri Geschmeide;
Ullr den Eid-Ring, die Eibenwald-Gabe;
Golden sind beide und Boten der Bifröst.

Am Ende des Winters weicht doch das Weiße,
die Gänse ziehen zu Heimat-Gestaden zurück,
und Baldur bricht auf zur Brücke im Tal,
Abschied nimmt im Frühling Freund von Freund.

Nun zieht Ullr fort in ferne Lande,
Von Ydalir zu Yggdrasil,
Vom Eibental zum Eliwagar,
von seiner Halle hin zum Hvergelmir.

Weit ist des stillen Raters schwere Reise;
er ritz und raunt viel Runen über einem Knochen,
zum Boot wird ihm da das Gebein,
auf diesem Stab quert er den Gjallar-Strom.

Dort im Norden geht das Eis gar nie zur Neige,
dort trinkt Ullr Met aus Mimirs Quelle,
dort saugt Ullr Stille aus der Nornen Born,
dort bleibt Sifs Sohn all den Sommer.

Anmerkungen:
- In diesem Lied wird Baldur als die Sommersonne und Ullr als die Wintersonne aufgefaßt. Eine solche Vorstellung könnte die Ursache dafür sein, daß die Germanen Baldur und Ullr als Freunde ansahen. Es gab bei den Asen mehrere solcher Sommer-Winter-Paare:

Sommer/Diesseits	**Winter/Jenseits**
Tyr	Loki
zweiarmiger Tyr	einarmiger Tyr
Asen	Riesen
Baldur	Ullr
Baldur	der blinde Hödur
Odins sehendes Auge	Odins blindes Auge
Sif mit ihren goldenen Haaren (= Getreide)	Sif ohne Haare

- *„Hermodrs Bruder"* und *„Wegtams Sohn"* sind beide Baldur.
- *„Sifs Sohn"* ist Ullr; *„Sonnen-Haar"* ist Baldur.
- Der *„Gott des Schweigens"* ist Ullr und der *„Wahrheits-Ase"* ist Baldur.
- Der *„Krieger-Ase"* ist Ullr.

- „*Odins Sohn*" und „*Friggs Sorge*" sind beides Baldur. Der zweite dieser beiden Kenningar bezieht sich darauf, daß Frigg in Sorge um ihren Sohn Baldur allen Wesen (außer der Mistel) den Eid abnahm, Baldur nicht zu verletzen.
- Der im „*Sonnenlied*" erwähnte Sonnenhirsch ist hier das Symbol für die Kraft und die Herrschaft, die im Sommer bei Baldur und im Winter bei Ullr ist.
- Der „*Bruder der Mistel*" ist eine Kenning für „Eibe". Die immergrüne Eibe (mit roten Beeren) könnte wie die immergrüne Mistel (mit weißen Beeren) ein Symbol der Hoffnung im Winter auf die Wiedergeburt der Sonne im Frühling sein.
- „*Draupnir*" wurde von dem Zwerg Sindri geschmiedet. Es gab bei den Germanen die Sitte, Eide auf einen Ring abzulegen und diesen Ring im Tempel des Ullr niederzulegen.
- Die Weltesche „*Yggdrasil*" steht am Nordpol in der Mitte des „*Eliwagar*" („Eiswogen" = Gletscher). Zwischen seinen Wurzeln entspringt die Quelle „*Hvergelmir*". Dort liegen auch im Sommer Schnee und Eis, sodaß dieser Ort der passende sommerliche Rückzugsort des Wintergottes Ullr wäre. Da dieser Ort auch ein Jenseitstor ist, wäre Ullrs Reise zum Weltenbaum eine Analogie zu Baldurs Reise nach Ydalir („Eibental") zu Ullr. Baldur ist in diesem Bild im Winter in Ydalir im Exil, während Ullr sich im Sommer an den Nordpol zurückzieht.
- Der „*Stille Rater*" ist Ullr, der in der Edda als „schweigsamer Ase" beschrieben wird.
- Die „*Quelle des Mimir*" und der „*Born der Nornen*" sind beide mit Hvergelmir identisch. Als Quelle der Weisheit ist dies ein passender Ort für den schweigsamen Asen Ullr.

5. Julnacht in Ydalir

Im Eibental, im einsamen Eis
hebt sich Ullrs Halle hoch empor,
Feuer flammt mit Funken hinauf
von des Asen heimischer Herdstatt.

Schnee verschüttet die Schindeln,
Zapfen zieren des Daches Rand,
Frost färbt das Geweih am First,
doch Rauch zeugt von Wärme im Raum.

Frost füllt die finstere Julnacht,
Sterne blicken stumm und still herab,
Götter kommen gezogen gen Ydalir,
sitzen in des Schnee-Asen Heim.

Ullr:
„Ich habe der Asin Äpfel erhalten,
Idun gab ihre Gabe ihren Genossen;
Ich habe den Met von Gunnlöd geholt,
Suttungs Tochter schenkte mir den Saft.

Wenn das Jahr am dunkelsten dünkt,
ist die Zeit der Äpfel für die Asen
dann nehmen die Asen des Nachts den Met,
als Quelle der Jugend für ein Jahr."

Thor:
„Weit war der Weg durch Eliwagar zu Dir,
Thursen traf ich – mit Mjöllnir,
nicht werde ich sie wieder sehen,
mein Hammer sandte sie heim zu Hel."

Loki:
„Groß tust Du mit Deinen Taten, Thor,
aber klein warst Du in Skrymirs Kammer,
ein Wind entfuhr Dir da, nichts weiter ...
Großer Ase, wer will Deine Geschichten hören?"

Baldur:
„Mein Bruder, sei friedlich in Ullrs Bergen,
Vaters Blutsbruder, sei bereit zu Frieden,
wenn wir den Met in den Kelchen wissen,
und die Äpfel hier in den Händen halten."

Loki (zu Thor):
„Schwach warst Du, voll Schweiß vor der Greisin,
Elli erwies sich als zu groß für Dich,
Katzenheber, Kurzstiel-Hammer-Ase,
Fürst der vorzüglichen Prahler."

Ullr:
„Die Streiter mögen stille schweigen,
wenn sie den Winterhallen-Met wählen;
Die Kämpfer mögen Klugheit küren,
wenn sie der Asin Äpfel suchen."

Sif:
„Die Sommer-Zeit der Asen schwindet im Herbst,
der Riesen-Winter wartet stets auf Wiederkunft;
die Schneezeit schwindet stets im Lenz
die Riesen müssen dann nach Utgard reisen.

Der Hammer kann nicht die Thursen alle töten,
Die Schlange kann nicht alle Blüten verschlingen;
Thor kann nicht den Loki zertrümmern,
Loki kann den Thor nicht in Fesseln legen.

Haltet Frieden fortan, ihr beiden,
mir zum Gefallen gebt mir dies;
Ich schätze euch beide schon immer,
reicht euch hier und heute zum Frieden die Hände!"

Loki:
„Thor, weist Du, was ich tat, als Du träumtest?
Mjöllnirschwinger, weißt Du, was ich tat
als Du auf Riesen-Reise warst?
Kennst Du, Thursentöter, Ullrs Vater?

Thor:
„Ich hol gleich den Hammer,
Lügen-Loki, listiger Kerl,
zermalm' Dir Deine Zunge,
die zwiegespaltene Bosheit zeigt!"

Loki:
„Es waren heiße Stunden bei Sif,
als Sifs Mann in Utgard schlief;
einer fror nicht im Winterfrost,
als der hohe Ase im Handschuh hauste."

Ullr:
„Schweig, Loki, spar' Dir Deine Zungen-Schläge,
Setz Dich, Thor, laß' Deine Fäuste sinken,
Wenn ihr des Sonnenschildes Segen wollt,
dann faßt Frieden für diese Nacht."

Sif:
„Ich wurde die Braut des tapferen Thor,
als der Wind des Winters schwand;
Ich wurde die Mutter des milden Ullr,
als die Strahlen des Sommers schwächer wurden.

Loki nimmt mein Haar mit zur Hel,
wenn die Blätter der Bäume zu Boden fallen;
Die Zwerge bringen mir neue Haupteszierde,
wenn die Triebe der Blumen aus dem Boden brechen.

Ich bin die schützende Mutter des Sommers,
Ich bin die wiegende Mutter des Winters;
Odin ist der Vater des friedlichen Baldur,
Loki der Leiberschaffer des Ullr.

Tüchtiger Thor und listiger Loki,
ihr könnt beide einander niemals besiegen,
drum endet den kopflosen Kampf,
und lebt fortan in Frieden."

Baldur (an Thor und Loki):
„Das Leben ist lichtere Labsal,
wenn Freundschaft die Pfade ziert,
Ullr und ich sind verschieden, doch Freunde
– wollt ihr nicht die Streitworte stillen?"

Loki (an Baldur):
„Du schwacher Ase, schweig nur still!
Meine Listen werden Dich lehren,
Dich gewaltig und groß zu gebärden,
Wenn Hel Dir als Heim winkt."

Ullr:
„Tyr, der beste der Götter, ist beides:
der Einarm-Ase in Schnee und Eis,
der Zweiarm-Rater im sonnigen Sommer;
– warum nur streitet ihr stets und ständig?"

Thor:
„Ein tüchtiger Schlag täte dem Täuscher wohl,
das würde der Wolfsbrut nicht schaden;
nur Schläge scheint der Schlangen-Vater zu hören,
der Hel in der Höhle sein Kind heißt."

Loki:
„Jörmungandr ist auf Jagd,
die Schlange ist schon wieder hungrig,
wärst Du nicht ein Mahl, das ihr wohl mundet?
Wie wär' es Thor, wenn Du sie wiedertreffen würdest?"

Ullr:
„Ich heiße euch schweigen in meiner Halle hier!
Den Met bekommt keiner aus dem Kessel,
Die Äpfel der Idun bleiben im Korb;
– die Eibenhalle ist stiller Einkehr Ort.

Wir werden den Weg zu der Norne nehmen,
sie fragen, welcher Pfad die Asen wohin führt.
Wir bitten die Alte, Auskunft zu geben,
was recht ist für die streitenden Rater.

Verlaßt nun die Bohlen der Bänke,
Fügt Zweige zusammen
zu großem Geflecht
und hebt das Hirschfell hierüber.

Setzt euch nieder in die Senke
rings um das flammende Feuer,
kommt zusammen im Kreis,
und schließt eure sehenden Augen.

Schweigt und schwebt nun empor,
Fellflieger, Feuerflieger, fern hinauf!
Reitet den Rauch! Rasch in die Luft!
Folgt mir im Flug zu fernem Ort!

Seht Yggdrasil riesig ragen,
seht Hvergelmirs heiße Quelle,
die zwölf Flüsse mit Fülle speist,
seht Mimir-Kessels muntere Wogen!

Fliegt mit den Fellen hin zu dem Stamm,
laßt euch dort neben der Quelle nieder,
blickt in den blinkenden Wellen-Becher,
die Höhle zu Hels Heim.

'Weises Weib mit weißem Haar,
Ich rufe Dich rüber zu mir,
Norne in dem nie versiegenden Naß,
Ich rufe Dich vor Deine Tür.'"

  Norne:
„Wer ruft mich rüber ans Licht?
Wer macht mir beschwerlichen Weg?
Warum sucht Auskunft der ratlose Ase?
Warum stört er die Stille, mein Schweigen?"

  Ullr:
„Wir rufen Dich an um Rat:
der Streit der Asen wird stetig stärker:
hart wie Jötunwort und schnell wie Jägerschritt;
– was ist die Wahrheit des Wandels in jedem Jahr?"

  Norne:
„Sollten die Asen das nicht alles selber ahnen,
da sie auf Ymirs Leib leben
und Leib seines Leibes sind?
Wo ist ihre Weisheit, vor der diese Fragen weichen?"

Ullr:
„Wir schätzen das Wissen in Deinen tiefen Wassern,
hier tauchte Tyr in die tödlichen Fluten,
hier murmelte Odin mit Mimirs Haupt,
hier wollen wir Weisheit finden."

Norne:
„So hört, wenn hohen Rat ihr heischt,
und ihr es wirklich wissen wollt:
Viele Verse sind dieser Frage Erfüllung;
Eine Strophe alleine bringt dem Rätsel nicht Ruhe."

Ullr:
„Sprich, Norne, laß unsere Fragen schwinden,
bring' den Asen mit Deinen Antworten Atzung.
laß uns den lichtvollen Versen nun lauschen,
laß uns bedenken das Dunkel dort unten."

Norne:
„So hört, wenn hohen Rat ihr heischt,
und ihr es wirklich wissen wollt:
Ymir ist der Welt Wunder und Wandel,
Sein Blut fließt, bringt Wechsel.

In der Nacht ist nah die nährende Mutter,
die alle Gestalten, alle Gebilde gebiert,
im lichten Lande der Lebenden,
und im trüben Tale der Toten.

Sie ist die Wurzel der Wunder,
die Wurzel des Wandels,
die helle Blüte der Heilung,
die helle Blüte der Hilfe.

Dies war der erste der vielen Verse,
er möge den Großen genügen,
ich habe genug gesprochen,
ich wandere den Weg nun zu meiner Wohnstatt."

Ullr:
„Sprich weiter, Norne, laß unsere Fragen schwinden,
bring' den Asen mit Deinen Antworten Atzung.
laß uns den lichtvollen Versen nun lauschen,
laß uns bedenken das Dunkel dort unten."

Norne:
„So hört, wenn hohen Rat ihr heischt,
und ihr es wirklich wissen wollt:
Die Geborenen lernen gehen,
finden all die Gaben, die die Mutter ihnen gab.

Sie finden Rat bei ihrem Sonnen-Vater,
Sie finden Namen für all die vielen Formen,
Sie sagen jetzt „Ja" und nun „Nein",
Die Kinder finden ihre Kunst und ihre Kraft.

Die Dinge sind zweifach erschaffen:
das nasse Niflheim ist allem nah
und Muspelheim mehrt das Mark von allem,
Feuer und Wasser mischt sich in mancherlei Weise.

Dies war der zweite der vielen Verse,
er möge den Großen genügen,
ich habe genug gesprochen,
ich wandere den Weg nun zu meiner Wohnstatt."

Ullr:
„Sprich weiter, Norne, laß unsere Fragen schwinden,
bring' den Asen mit Deinen Antworten Atzung.
laß uns den lichtvollen Versen nun lauschen,
laß uns bedenken das Dunkel dort unten."

Norne:
„So hört, wenn hohen Rat ihr heischt,
und ihr es wirklich wissen wollt:
Aus Kind wird König mit heller Krone,
mit Kraft kürt er sich kühnes Ziel.

Er wird Herr in seinem weiten Reich,
unterwirft alle Wilden seinem Willen,
formt die Felsen zur Festung,
formt die Felder, daß Frucht sie tragen.

Dies war'n die drei ersten Stufen des Wesens der Dinge:
Die Wärme der wohlwollenden Mutter,
Der Wandel der Vielfalt der Flusses,
Der König, der stets selber sich krönt.

Dies war der dritte der vielen Verse,
er möge den Großen genügen,
ich habe genug gesprochen,
ich wandere den Weg nun zu meiner Wohnstatt."

  Ullr:
„Sprich weiter, Norne, laß unsere Fragen schwinden,
bring' den Asen mit Deinen Antworten Atzung.
laß uns den lichtvollen Versen nun lauschen,
laß uns bedenken das Dunkel dort unten."

  Norne:
„So hört, wenn hohen Rat ihr heischt,
und ihr es wirklich wissen wollt:
Der König wird sein Land verlassen,
und die Fremde zu erfassen suchen.

Im Drakar wird er weite Reisen wagen,
Wiking-Fahrten über das weite, wogende Meer,
Schätze suchen in schummriger Gruft,
Er wählt sein Schwert als Antwort auf feindliche Worte.

Der Drakar-Fahrer findet die Fremde,
sieht neue Berge, Burgen, Küstenbögen,
hört fremde Sprachen sprechen,
und wird weise auf seinem Weg.

Dies war der vierte der vielen Verse,
er möge den Großen genügen,
ich habe genug gesprochen,
ich wandere den Weg nun zu meiner Wohnstatt."

  Ullr:
„Sprich weiter, Norne, laß unsere Fragen schwinden,
bring' den Asen mit Deinen Antworten Atzung.
laß uns den lichtvollen Versen nun lauschen,
laß uns bedenken das Dunkel dort unten."

  Norne:
„So hört, wenn hohen Rat ihr heischt,
und ihr es wirklich wissen wollt:
Es wird einst sein, daß Kriege enden,
Daß Fremde sich finden friedlich an einer Tafel.

Es wird kommen, daß alle die Weite kennen
und das Freunde Fremde nicht mehr fürchten,
Und gemeinsam gehen,
Und gemeinsam gedeih'n.

Diese Zeit ist für euch noch fern,
Doch sie wird sicherlich sein:
Wenn Eisenvögel am Himmel fliegen,
Und alle das furchtbare Feuer fürchten.

Dies war der fünfte der vielen Verse,
er möge den Großen genügen,
ich habe genug gesprochen,
ich wandere den Weg nun zu meiner Wohnstatt."

  Ullr:
„Sprich weiter, Norne, laß unsere Fragen schwinden,
bringt' Den Asen mit Deinen Antworten Atzung.
laß uns den lichtvollen Versen nun lauschen,
laß uns bedenken das Dunkel dort unten."

Norne:
„So hört, wenn hohen Rat ihr heischt,
und ihr es wirklich wissen wollt:
Es gibt noch zwei Verse zu künden,
Doch es ist für die Frager zu früh.

Die Asen mögen sich mir wieder nahen,
wenn die großen Gletscher zerschmelzen.
Ich habe genug zu den Großen gesprochen,
ich wandere den Weg nun zu meiner Wohnstatt."

Anmerkungen:
- Die *Julnacht* ist die Nacht zur Wintersonnenwende am 21.12., in der symbolisch die Sonne wiedergeboren wird. Daher wäre dies auch ein passender Zeitpunkt für die Asen, den Unsterblichkeits-Met zu trinken und die Äpfel der Idun zu essen.
- *Gunnlöd*, die Tochter des Riesen Suttung war die Hüterin des Göttermets – die Götter hingegen sagen, daß die Riesen den Met gestohlen hätten.
- *Eliwagar* („Eiswogen") waren die Gletscher im Norden.
- Die *„Kammer"* des Tyr-Riesen Skrymir ist sein Handschuh, der so groß ist, daß er Thor als große Halle erschien.
- Der *Blutsbruder* von Baldurs Vater Odin ist Loki.
- Die Greisin *Elli* ist in der Skrymir-Mythe die Verkörperung des Alters, gegen die auch Thor nicht siegen kann.
- *„Katzenheber"* ist eine Anspielung darauf, daß Thor in der Skrymir-Mythe nicht in der Lage war, eine Katze hochzuheben – die in Wirklichkeit die Midgartschlange war.
- *„Kurzstiel-Hammer"*: Thors Hammer hatte einen zu kurzen Stiel.
- *„Ase im Handschuh"* ist eine Anspielung auf die Skrymir-Mythe.
- *„Sifs goldenes Haar"* ist das Getreide
- *„Ihm entfuhr ein Wind"* ist eine altertümliche Umschreibung für „pfurzen".
- *Loki* ist der Vater des Fenris-Wolfes, der Midgartschlange und der Hel.
- *Jörmungandr* („Erdumgürter" = Midgardschlange) und Thor töten sich beim Ragnarök gegenseitig.
- *„Zweige und Hirschfell"*: Die keltischen Druiden legten beim Utiseta ein Geflecht aus Ebereschenzweigen unter ihr Stierfell. Diese Zweige stellten vermutlich den Weltenbaum dar. Sie entsprechen in den Mysterien von Eleusis dem Dreibein-Schemel mit dem auf ihm liegenden Ziegenfell, auf dem die Einzuweihenden Platz nahmen.
- Das *Feuer*, um das die Asen sitzen, ist das Jenseitsfeuer. Solch ein „Sitzen am Feuer", durch das das Jenseitstor geöffnet wird, wird in der Isländersaga über Thrond von

Gate ausführlich beschrieben.

- Die Weltesche *„Yggdrasil"* („Pferdepflock") steht am Nordpol. Zwischen ihren Wurzeln entspringt die heiße Quelle *Hvergelmir* („brodelnder Kessel"), die zwölf Flüsse speist. Diese Quelle ist auch der Ort, an der Odin den Riesen *Mimir* („Erinnerung") trifft und ihm eines seiner Augen für die Weisheit des Mimir gibt.
- *„Mimir-Kessel"* ist eine Kenning für die Quelle „Hvergelmir" – der Riese Mimir wohnte neben dieser Quelle.
- *„Atzung"* ist ein altes Wort für „Speise".
- *„Niflheim"* („Nebel-Ort") und *„Muspelheim"* („Feuer-Ort") sind das erste, was je entstanden ist. Sie entsprechen Yin und Yang und sie sind auch das Diesseits und das Jenseits.
- Die *Norne* gibt eine typische Orakel-Antwort: Sie sagt weder ja noch nein, sie ergreift für niemanden Partei, sondern beschreibt eine Entwicklung.
- Die fünf der sieben Epochen, die die Norne beschreibt, haben folgenden Charakter:

> In der oralen Phase des Säuglings (0 – 1 Jahr) lebt der Mensch in Symbiose mit seiner Mutter, ist weitgehend ein Teil von ihr, vertraut ihr vollständig und nimmt von ihr alles an. Man könnte diese Phase durch ein „Ja" charakterisieren.
>
> Sie entspricht der Lebensform in der Altsteinzeit: als ein Teil der Natur in der Natur leben.
>
> Der nächste Schritt in der Entwicklung des Individuums ist die anale Phase des Kleinkindes (1 – 3 Jahre): das Erlernen der Sprache und des Laufens und vor allem des „Nein!". Wie die Menschen in der frühen Jungsteinzeit stellt sich auch das Kleinkind der Welt (und seiner Mutter) gegenüber und beginnt zu urteilen: Was will ich und was will ich nicht?
>
> Dies entspricht sowohl dem Bau von Häusern als auch dem frühen Ackerbau und der Viehzucht, die die Welt in Kultur und Natur unterteilten, also in „von mir gewollt" und in „das andere".
>
> Die Asen und Thor insbesondere repräsentieren die Kultur (und den Sommer), während Loki und die Riesen die Wildnis (und den Winter) verkörpern – beide Parteien stehen in einem ständigen Kampf bzw. einem ständigen Wechsel miteinander.
>
> Der dritte Entwicklungsschritt des Individuums ist die Entdeckung des „Ich!!!" in der phallischen Phase (ab 3 Jahre).
>
> Sie entspricht unverkennbar dem Königtum, das um 3.250 v.Chr. entstand: die völlige Unterordnung des Ganzen unter ein sie leitendes Zentrum – unter das Ich bzw. den König.

In der genitalen Phase, die besser als Pubertät bekannt ist, richtet sich der Mensch nach außen und prüft die Welt, seine Fähigkeiten, seine Mitmenschen und sucht letztlich nach dem „Du?", also nach einer Beziehung.

In diesem Forschen und Erproben und erstem eigenständigen Erschaffen läßt sich leicht der Materialismus mit seinen Forschungen, Erfindungen, Produktionen, Industrien, Eroberungen und Machtkämpfen wiederfinden.

Nach diesen vier von Sigmund Freud für den einzelnen Menschen beschriebenen Phasen schließt sich als fünfte die adulte Phase an, in der der Einzelne sich auf eine Beziehung festlegt, einen Hausstand gründet und selber Vater oder Mutter wird. Diese Phase ist im Gegensatz zu der Pubertät mit ihrem Wettbewerb und Wettkampf durch Kooperation geprägt: Der Einzelne hat das Ganze im Blick – er fördert durch sein verantwortungsvolles Handeln das Ganze und er wird auf das Ganze vertrauend von ihm getragen.

Dies ist auch das Ziel des derzeit neu entstehenden globalen Denkens und Handelns, das aus der Wertschätzung des Individuellen und der Kooperation aller Individuen miteinander besteht.

Auf das „Ja" der oralen Phase und der Altsteinzeit folgte das „Nein!" der analen Phase und der Jungsteinzeit, die zusammen die Entstehung des „Ich!!!" der phallischen Phase und des Königtums ermöglichten. Auf der Grundlage dieses „Ich!!!" wurde es in der Pubertät und dem Materialismus möglich, sich dem „Du?" zuzuwenden, was schließlich zu dem „Wir." des Erwachsenseins und der derzeit beginnenden globalen Phase führte.

Diese Entwicklung läßt sich in fünf Worten zusammenfassen: „Ja" – „Nein!" – „Ich!!!" – „Du?" – „Wir."

Die Mythologie der Germanen zur Zeit der Edda steht am Ende der zweiten Phase. Der Kampf zwischen dem Gewollten und dem Ungewollten wird vor allem durch Thor und Loki ausgetragen.

- Der *„Eisenvogel"* ist ein Flugzeug als Symbol der heutigen Zeit.
- Das *„furchbare Feuer"* ist die Atombombe.
- Das *„Schmelzen der großen Gletscher"* ist die Klimaerwärmung auf der Erde.

XVII   Traumreise zu Ullr

Ich lege mich hin und decke mich zu, entspanne mich, konzentriere mich noch einmal drauf, daß ich zu Ullr reisen will, und schau dann, welche Bilder kommen.

Ich gehe über eine Wiese, aber das fühlt sich an, als ob ich am falschen Ort wäre. Die Szenerie ändert sich und ich fühle mich wie zwischen Felsen – sehr eng. Ich sehe Berge und dann auch Ullr. Er hat ein Wildschwein erlegt, daß vor ihm liegt – ich sehe Blut an der Seite des Wildschweins. Ullr ist zwischen den Felsen eingeklemmt.

Das Bild ändert sich und ich sehe ein flaches Langhaus aus dicken Baumstämmen auf einer großen Wiese in einem waldigen Tal – vermutlich Ydalir. Aus der Dachluke steigt Rauch auf; innen in dem Haus ist es dunkel.

Mein Sonnengeflecht wird langsam heiß und ich fühle das typische „elektrische Prickeln", das mit dem Erwachen des Sonnengeflechtes verbunden ist. Das Gefühl dabei ist jedoch nicht die Grundqualität dieses Chakras, also der „ungehinderte körperliche Selbstausdruck", sondern eher eine Enge, ein Gebundensein. Das Bild dazu ist der Sonnenschild des Ullr, der vor meinem Sonnengeflecht strahlt – oder es zumindestens versucht.

Ich sehe wieder Ullr. Er ist auf eine merkwürdige Weise gefesselt: Links und rechts an seinem Sonnengeflecht sind so etwas wie „Knöpfe", an denen je ein Seil mit einer Schlaufe eingehängt ist. Zwei Meter links und rechts von ihm sind die beiden anderen Enden dieser beiden Seile mit zwei weiteren Schlaufen an einer Art Haken befestigt.

Mir fällt auf, daß dieses Festhängen und Eingeklemmtsein jetzt schon dreimal aufgetreten ist. Ich wundere mich, warum diese Reise so mühsam ist – ich warte immer lange Zeit und rufe nach Ullr, bevor ein neues Bild kommt.

(Als ich diese Reise eben in meinen PC getippt habe, ist der PC an dieser Stelle abgestürzt und hat den ganzen Traumreise-Bericht gelöscht. Dies ist nun der zweite Anlauf. Dieser PC-Absturz scheint auch eine Entsprechung zu dem Eingeklemmtsein zu sein.)

Ich löse Ullr von den beiden Haken, woraufhin er fortgeht. Ullr wirkt groß und kräftig und fast mürrisch – schweigsam und in sich gekehrt. Etwas salopp gesagt: Er ist nicht gut drauf.

Ich bin wieder in Ydalir in der Halle und schaue mich in ihr um. Es ist düster hier und rauchig. In der Mitte ist eine Feuerstelle, in der ein Feuer brennt, das den Raum nur wenig erhellt. An den Wänden hängen einige Felle von Hirschen oder Stieren.

Ich spreche Ullr an und bitte ihn, mir etwas zu sagen, was mir hilft, ihn zu verstehen, aber nichts kommt. Er ist der schweigsame Ase …

Ich kann Ullr spüren. Er wirkt nicht nur mürrisch, sondern einsam und wütend. Ich frage ihn, ob ich da eigentlich ihn oder mich sehe. Er antwortet: „Du siehst jede Gottheit durch die Brille Deiner Psyche." – „Wie kann ich Dich klarer sehen?" – „Indem Du Dir Deiner Psyche bewußt bist." – „Kann ich denn noch etwas tun, um Dich zu sehen?" – „Blicke in die Sonne. Das bin ich. Die Wintersonne – aber nicht nur die." Da fällt mir ein, daß es bei Kurzsichtigkeit und anderen Augenbeschwerden hilft, in die Sonne zu sehen, wenn sie kurz über dem Horizont steht oder es diesig ist, d.h. wenn die Sonne nicht zu grell scheint. Von Ullr kommt wortlose Zustimmung. Auf meine Frage, ob er scharfe Augen habe, kommt hingegen keine Zustimmung, sondern nur der Satz „Ich sehe alles. Die Sonne sieht alles."

„Ullr, kannst Du mir einen Rat geben?" – „Stehe zu Dir. Sei, was Du bist. Drücke Dich aus. Dann wird sich der ganze Rest, der Dir solche Sorgen macht, fügen." – „Danke, Ullr."

„Ullr, warum bist Du eingeklemmt und gefesselt gewesen?" – „Es ist Winter." – „Gibt es da einen Zusammenhang mit Loki?" – „Er ist mein Vater. Auch er wird im Winter gefesselt."

„Ullr, ist Lokis Fesselung und Tyrs vom Fenris-Wolf abgebissene Hand dasselbe?" – „Ja. Aber Tyr ist die Sonne, die im Winter im Jenseits ist, und Loki ist der Drache, die Regenräuberschlange, die im Sommer mächtig ist. Loki gehört zum Donnergott Thor und nicht zu Tyr. Verletzung und Fessel sind Zeichen der Unterwelt."

„Möchtest Du mir noch etwas sagen, Ullr?" – „Lebe, es gibt nichts Besseres." – „Danke, Ullr."

Diese Traumreise war gemessen an den Bildern und Worten, die in ihr erscheinen, ausgesprochen kurz – wenn man jedoch die Zeit hinzurechnet, in der ich zwischen den einzelnen Bildern nur gewartet habe, war sie ziemlich lang. Es sieht so aus, als ob das Warten und die Langsamkeit etwas mit Ullr zu tun hätten.

XV Ullr heute

Zunächst einmal ist Ullr heute offensichtlich zu dem Schutzpatron der Skifahrer geworden. Er hat aber auch eine stille Seite, die sich durch seinen Wohnort im Eibental ausdrückt. Ullr ist somit auch ein Gott des Rückzuges in die Stille, der Visionssuche und der Jenseitsreise, durch die man seine eigene Mitte, seine eigene innere Sonne wiederfinden kann: den eigenen Sonnenschild.

Ullr ist somit sowohl eine Gottheit der Selbsterkenntnis als auch der Lebensfreude, die aus der Selbsterkenntnis entsteht.

Ullr ist als Bogenschütze auch ein Schutzpatron der Schützen und aller zielgerichteten Handlungen.

Somit hat Ullr zumindestens fünf wichtige Aspekte, die sich auch heute noch jeden Tag im eigenen Leben finden:

- die Besinnung auf sich selber in der Stille: „der schweigsame Ase",
- die Selbsterkenntnis und der Selbstausdruck: „der Sonnenschild-Ase",
- die Wahrung der Gerechtigkeit: „der Göttervater in der Unterwelt",
- das zielgerichtete Handeln: „der Bogenschütze" und
- die Freude am Leben: „der Ski-Gott".

Man kann daher nun in einem sehr umfassenden Sinne wünschen: „Ski heil!"

Verzeichnis der Themen

(die Zahl ist die Nummer des Bandes, in dem sich das Thema findet)

1 47	540 47	Alius 32	Aur 55
2 47	700 47	Alraune 45	Aurboda 35
3 47	800 47	Alsvatr 5	Aurgelmir 5
4 47	900 47	Alswid 34	Aurgrimnir 5
5 47	1.200 47	Althiof 7	Aurnir 34
6 47	10.000 47	Alvor 35	Aurvandil 20
7 47	432.000 47	Alwis 7	Aurwang 7
8 47	1+8=9=8+1 47	Alwit 31	Aurwang 48
9 47	**Adler** 40	Ama 35	Austri 32
10 47	Adler auf dem	Amboß 67	Auzon => Kiste
11 47	Weltenbaum 41	Amgerdr 28	Axt 66
12 47	Adler bei der	Ampfer 45	**Bafur** 32
13 47	Einweihung 40	Andad 34	Bakrauf 35
14 47	Adlergestalt:	Andhrimnir 39	Baldrian 45
15 47	- des Franmar 40	Andvari 7	Baldur 9
16 47	- des Hraesvelgr 40	Angantyr 39	Bara 35
17 47	- des Odin 40	Angeyja 35	Bari 6
18 47	- des Thiazi 40	Angrboda 26	Bari 20
20 47	Adler-Traum der	Ann 32	Baugi 5
22 47	Kostbera 40	Annar 20	Bär 43
23 47	Aelrun 31	Arm-Wunde 63	Bärenfell 62
24 47	Affe 44	Arngrim 6	Barke 49
28 47	Agdai 39	Apfel 45	Bärlapp 45
30 47	Ägir 10	Asen 36	Basilikum 45
32 47	Agnar 39	Asgard 52	Beifuß 45
33 47	Ahnen 36	Ask 39	Beinvidr 34
36 47	Ai 32	Aslaug 31	Bekkhild 31
37 47	Aki 6	Asperan 34	Beleidigungs-
40 47	Aki 16	Astralreise 50	Wettstreit 73
41 47	Alban 32	Asvid 6	Beli 5
46 47	Alberich 7	Atem 64	Beowulf 39
48 47	Albewin 7	Atla 35	Bergdis 28
72 47	Alcis 12	Atli 37	Bergelmir 6
80 47	Alf 6	Atward 20	Bergriese 6
90 47	Alf 32	Auchoff 34	Berg-Zwerge 32
99 47	Alfarin 34	Aud 20	Berling 32
100 47	Alfen 36	Auerhahn 40	Bertha 28
120 47	Alfhild 31	Auge 63	Berserker 62
300 47	Alfrigg 32	Augenbraue 63	Bertram 45

Bertramsgarbe 45
Besen => Stab
besonderer Schrei 64
Bestattung 64
Bestla 35
Betonica 45
Beyla 39
Biber 44
Biene 40
Bifröst 49
Bifur 32
Bikki 16
Bil 29
Bild 7
Billing 5
Billing 7
Bilsenkraut 45
Birkhuhn 40
Biört 29
Björgolfr 6
Björgulfr 34
Blain 33
Blapthvari 34
Blasebalg 67
blau 46
Blau-Menschen 36
Blau-Riesen 36
blau-schwarz 46
Blick 63
Blid 29
Blidur 29
Blind 16
Blindheit 63
Blodughadda 35
Blutsbrüder 55
Bödhild 28
Bogen 66
Bömbur 32
Bölthorn 5
Borr 34
Botewart 7
Both 20

Bragi 19
Bragi-Riesin 35
Brak 16
Brana 35
Brandingi 5
braun 46
Brenner 39
Brezel-Ornament 64
Brimir 33
Brisingamen 60
Brokk 32
Brombeere 45
Brücke 49
Bruderkampf 55
Brüngerd 35
Brünhild 31
Bruni 5
Bruni 32
Brünne 66
Brunnen 49
Buri 34
Bryja 35
Bryla 34
Bryngerd 28
Buri (Zwerg) 32
Buseyra 35
Byggvir 39
Byleist 20
Bylgia 35
Comandion 7
Dag 48
Dagfinnr 32
Dain 32
Dalar 32
Dalr 32
Delling 20
Delling 48
Dellingr 32
Delphin 44
Dietwarta 29
Disen 36
Distel 45

Diurnir 7
Dofri 34
Dolgtrasir 32
Donnerrebe 45
Dori 32
Dorn => Schlafdorn 55
Drachen 41
Drachenblut => Drachen
Drachenschiff 55
Drasian 6
Draupnir (Zwerg) 32
dreifarbiger Stein 67
dreiköpfiger Riese 5
drei Riesinnen 35
drei wahre Worte 64
Drifa 35
dritter Bruder 55
Dröfn 35
Drossel 40
Drudgelmir 5
Duf 32
Dufa 35
Dufr 32
Dulin 32
Dumbr 6
Dunneir 32
Durathor 32
Durin 32
Durnir 32
Durnir 34
Düsterwald 49
Dwalin 32
Eber 42
Eberesche 45
Edda (vollständig) 77
Efeu 45
Egdir 5
Egil 39
Ei 40
Eibe 45

Eiche 53
Eicheln 45
Eichhörnchen 44
Eid 68
Eik 28
Eikinskjaldi 32
Eimer 67
Eimgeitir 35
Eimyria 35
Einäugigkeit 63
Einheer 34
Einweihung 50
Eir 29
Eir 31
Eis 52
Eisa 35
Eisen 55
Eisenkraut 45
Eisriesen 34
Eistla 35
Eisurfala 35
Eiymyria 35
Ekstase-Kieger 62
Elch 42
Eldhrimnir 57
Eldir 39
Eldr 34
Elefant 42
Elendshaut => Hel-Haut
Else 35
Erde 52
Embla 28
Embla 39
Ente 40
Erce 20
Erdbeben 55
Erste Ursache 55
Eschenholzkasten => Kiste 57
Esel 42
Estroval 39

Eugel 7	Fiölvör 35	Frühlingstagund-	Geitla 35
Eule 40	Fiörgyn 20	nachtgleiche 54	Geitir 35
Eyrgjafa 35	Fiörgyn 23	Fulla 29	gelb 46
Faden 55	Fisch 44	Fullas Haarreif 60	Geliebter der Gefion
Fafnir (Zwerg) 32	Fjölverkr 34	Fullafle 34	6
Fährmann 49	Fjötra 29	Fundin 32	Gerber-Schaber 67
Fala 35	Flachs 45	Fuß 63	Gerdr 28
Falkenkleid:	Flegda 35	Fylgia 50	Geri 43
- der Freya 40	Fleur-de-lys 55	Fynir 6	Gespenst 50
- der Frigg 40	Fleggr 34	Fynir 34	Gestaltwandel =>
Falke 40	Fliege 40	**Galar** 32	Verwandlung
Fallar 32	Fluch 68	Galarr 34	Gesang 68
Farbauti 6	Flügel des Wieland	Galdr 64	Gestilja 35
Farn 45	40	Gallapfel 45	Getreide 45
Farseti 6	Flügelschuhe 67	Gandalf 32	Gewöhnlicher
Faulheit =>	Flugschuhe des Loki	Ganglati 34	Flachbärlapp 45
Feuersitzen 55	40	Ganglot 6	Geysa 35
Feima 35	Fluß 49	Gangr 34	Gialar 32
Fenchel 45	Frägr 32	Gangr 33	Gift 70
Fenja 28	Franmar 37	Gans 40	Gifur 43
Fenrir 6	Frar 32	Gänsefuß 45	Gigas 6
Fenrir 43	Freki 43	Garm 43	Gilling 6
Fernhypnose 64	Freya 22	Gautan 39	Gillings Frau 28
Ferse 63	frühe Skaldenlieder	Gautrek-Saga =>	Ginnar 32
Fessel 66	78	Snotra	Ginnungagap 49
Fessel-Zauber 64	Freyr 15	Geban 20	Gjalp 35
Feuer 55	Fried 29	Geburts-Orakel 64	Glamr 34
Feuersitzen 55	Friedenszauber 6	Gefäße 57	Glatundshundr 43
Feuerzauber 64	Fridr 29	Gefion 20	Glaumar 34
Fialar 32	Frigg 21	Gefion-Geliebter 6	Glaumarr 34
Fid 32	Folde 20	Gefiun 20	Glaumr 6
Fieberkraut 45	Fonn 34	Gefjon 20	Glenr 48
Fili 32	Forat 35	Geist 50	Glitni 5
Fimafeng 39	Forelle 44	Geier 40	Glöd 35
Fimbulwinter 55	Fornjotr 6	Geirahöd 31	Gloi 32
Finger 63	Forseti 19	Geiravör 31	Glück 64
Finnalf 5	Frosti 32	Geirdriful 31	Glückstrank 70
Finnar 32	Frosti 34	Geirönul 31	Glumra 35
Finnmark-Riese 34	Fruchtbarkeit 64	Geirröd 5	Glymra 35
Fiölkald 34	Fuchs 43	Geirrota 31	Gna 29
Fiölmor 39	Frauenhaarfarn 45	Geirskögul 31	Gneip 35
Fiölnir 20	Frühling 54	Geitir 6	Gnepja 35

Goi 34
Gold 55
Goldalter 55
Goldemar 7
golden 46
Goldhelm 66
Goldhörner von Gallehus 57
Göll 31
Golnir 5
Göndul 31
Gorr 34
Görsemi 29
Götter 36
Götterdämmerung 55
Götterkampf 55
Göttermet 69
Götter-Tiere 44
Gottesurteil 64
Gurgelbiß 55
Grab 49
Grani 6
grau 46
Grendel 5
Grendels Mutter 35
Greppur 34
Grer 32
Grid 28
Grid 35
Grim 5
Grim 39
Grima 35
Grimhild 31
Grimling 5
Grimnir 5
Grim Struppig-Wange 79
Grip 35
Gripir 34
Grissa 35
Groa 28
Grottintanna 35

Grotunagard 52
grün 46
Gryla 35
Gudr 31
Gudrun 31
Gudmund 5
Gullnir 5
Gullveig 29
Guma 35
Gundelrebe 45
Gunn 31
Gunnlöd 28
Gunnthinga 31
Gürtel 60
Gusir 6
Gygr 35
Gylfaginning 77
Gyllir 5
Gyllir 34
Gyma 20
Gymir 5
Haarband 60
Haare 63
Habicht 40
Hafle 34
Hafli 5
Hafthi 39
Hagen 16
Hahn 40
Hala 35
Halfdan 39
Halfdan Brana-Ziehsohn 79
Halfdan Eisteinson 79
Hamdir 39
Hamingja 50
Hammer 66
Hand 63
Handschuhe 60
Hanf 45
Hannar 32
Hantel-Symbol 55

Har 32
Hära 35
Hardbeen 6
Hardgreip 35
Hardgreipir 34
Hardverkr 34
Harek Eisenkopf 6
Harfe 57
Harz 45
Hase 44
Hasel 45
Hastingi 34
Hati 5
Hati 43
Hattatal 77
Haudr 20
Haugspori 32
Haym 34
Hecht 44
Hedin 39
Hedin und Högni 79
Hefring 35
Heid 35
Heiddraupnir 5
Heide 49
Heidrek 39
Heidungi 6
Heilige Hochzeit => Wiederzeugung 55
Heiliger Hain = Weltenbaum 52
Heilung 64
Heilziest 45
Heimdall 8
Heimir 39
Heinir 34
Heith 35
Heithdraupnir 5
Hel 26
Helblindi 20
Helgi 39
Helgi Thorisson 79

Hel-Haut 49
Helidi 27
Hellebarde 66
Helreginn 5
Helm 66
Hengikefta 35
Hengiköpt 6
Hengjankapta 35
Hepti 32
Herbst 54
Herbsttagundnachtgleiche 54
Herche 20
Herdentiere 42
Herdentierfell 42
Herfjötur 31
Hergrim Halbtroll 5
Hergunnur 35
Heri 32
Herja 31
Herkir 6
Herkja 35
Hermodr 37
Hertha 28
Hervor => Heidrek
Hervor und Heidrek => Heidrek
Herz 63
Hexe 58
Hianka 31
Hidde 34
Hild 31
Hildolf 5
Hildolf 20
Himingläva 35
Himmel 52
Himmelsrichtungs-Mandala 54
Himmelsträger-Zwerge 32
Hirsch 42
Hjaltrimul 31

Hjortrimul 31	Hraudnir 6	Hymir 6	Jenseitsbarke 49
Hjötra 28	Hraudungr 5	Hymnen an die Götter	Jenseitsberge 49
Hjuki 29	Hrede 29	80	Jenseitsbrücke 49
Hläwang 32	Hreidmar 7	Hyndla 26	Jenseitsfährmann 49
Hlebard 6	Hremsa 35	Hypnose 64	Jenseitsfluß 49
Hleidr 35	Hrimgerdr 28	Hyrrokkin 26	Jenseitsgrenzen-
Hler 10	Hrimgerdr 35	**Idi** 34	Landkarte 49
Hlidolf 32	Hrimgrimnir 34	Idun 25	Jenseitshalle 49
Hlif 29	Hrimnir 34	Igel 44	Jenseitsinsel 49
Hlifthursa 29	Hrim-Riesen 34	Illugi Grid-Ziehsohn	Jenseitsleiter 49
Hlin 29	Hrimthurs 34	79	Jenseitsmauer 49
Hlodyn 20	Hringi 5	Ilmr 29	Jenseitsreise 49
Hlödyn 20	Hringvölnir 5	Ima 35	Jenseitstor 49
Hloi 34	Hripstodr 34	Imd 35	Jenseitstor-Gitter 49
Hlöll 31	Hrist 31	Imgerdr 35	Jenseitstor-Hund 49
Hlora 35	Hrist 29	Imr 6	Jenseitswächter 49
Hnoss 29	Hrisungr 6	Imsigul 34	Jenseitswald 49
Hochsitz 57	Hroarr 5	Imth 35	Jenseitswasser =>
Hochsitzsäulen 57	Hrod 35	In 20	Wasser 49
Hoddraupnir 5	Hrodwitnir 5	Ingibjörg 29	Jenseitsweg 49
Hoddrofnir 5	Hrodwitnir 43	Ingibiörg 31	Johanniskraut 45
Hödur 19	Hrökkvir 6	Intuition 64	Jokul 34
Hofund 19	Hrönn 35	Inzest 51	Jokul Eisenrücken 34
Höggstari 32	Hrossthjofr 34	Irmin 20	Jörd 23
Högni 16	Hrotti 5	Irpa 29	Jomali 20
Högni 39	Hruga 28	Istwas 20	Jörmungandr 41
höhere Mächte 36	Hrungnir 5	Itrek 5	Jörmunrek 39
Holmgang =>	Hrungnir-Herz 67	Itreksjod 5	Jorunn 29
Zweikampf 55	Hryggda 35	Itreksjod 20	Jötunn 6
Holunder 45	Hyria 35	Ividja 35	Jotunbjorn 6
Homöopathie 64	Hrym 34	Iwaldi 5	Julnacht 54
Honig 40	Hrund 31	Iwalt 5	**Käfer** 40
Honigtau 45	Hügelgrab 49	Iwiedie 29	Kaldgrani 34
Hönir 18	Hugin 40	**Jari** 32	Kamille 45
Horn 57	Huhn 40	Jamtaland-Zwerg 7	Kampfmagie 64
Horn (Riesin) 35	Huldar 28	Jarngerdr 28	Kannibalismus 55
Hörn 29	Hund 43	Jarnglumra 35	Kara 31
Hörn 35	Hundalfr 6	Jarnhauss 6	Karabin 34
Horn-Neb 35	Hunding 16	Jarnnef 34	Kari 6
Hornbori 32	Hvalr 6	Jarnsaxa 28	Katze 43
Hraesvelgr 6	Hvedra 35	Jarnvidja 35	Kausalität 55
Hrafnhild 35	Hvedrungr 16	Jenseits 49	Keila 34

Keiler 42	**Lachanfall** 64	Luchs 43	Miötwitnir 32
Kenningar 75	Lachen 55	Lutr 34	Mjoll 34
Kerbel 45	Lachs 44	Lyngheid 35	Modgudr 29
Kessel 57	Landgeister 36	**Magni** 19	Modgudr 31
Keule 66	Lauch 45	Malseron 34	Modi 19
Kiebitz 40	Laufey 26	Mana 35	Modrädnir 32
Kili 32	Laurin 7	Managarm 43	Modsognir 7
Kisi 34	Laus 40	Mannus 20	Mögthrasir 6
Kiste 57	Leber 63	Mardalla 27	Moin 32
Kjallandi 6	Leib 63	Marder 43	Mökkurkjalfi 6
Kjallandi 35	Leidi 34	Margerdr 35	Molda 35
Klaufi 34	Leifi 6	Margerthur 35	Mona 20
Klee 45	Leifnir 6	Mangold 45	Mond 48
Kleima 35	Leikn 35	Mantel 67	Mondul 32
Knochen 67	Leimrute 66	Mantel der Nanna 67	Moosfrau von Saalfeld 32
Knoten 64	Leiter 49	Marnar 29	Moosleute von Arntschgereute 32
Kobolde 36	Leirvör 35	Märzviole 45	
Kol der Bucklige 39	Leopard 43	Maske => Helm	
Kolfrosta 28	Lerche 40	Maus 44	Mörn 35
Kolga 35	Lidskialf 20	Meer 49	Möwe 40
Kopf 63	Liebestrank 70	Meer der Zeit 55	Mühle 66
Kormoran 40	Liebeszauber 64	Meer-Menschen 36	Mundilfari 6
Korn 45	Lif 39	Mehlbeere 45	Munin 40
Körperteile 65	Lifthrasir 39	Mehltau 45	Munnharpa 35
Köttr 34	Litr 6	Meili 9	Münze 67
Kraftgütel => Gürtel	Litr 32	Meise 40	Muspel 6
Krähe 40	Ljod 29	Menglöd 22	Muspelheim => Feuer 52
Kraka 31	Ljota 35	Menja 28	
Kranich 40	Lodin 6	Menschenopfer 64	Myrkrida 35
Kräuter 45	Lodinfingra 35	Messer 66	Myrkvid 49
Kreppvör 35	Lodur 16	Midgard 52	**Nabbi** 32
Kriegerin 62	Lofar 7	Midgardschlange 41	Nacktheit 60
Kreuzblume 45	Lofn 29	Midi 6	Nadel 55
Kreuzkraut 45	Lofnheid 35	Midjungr 34	Nägel 55
Krönung 64	Logi 34	Midwitnir 6	Naglfar 49
Kröte 44	Loki 16	Mimir 6	Nain 32
Kuckuck 40	Loni 32	Mist 31	Nali 32
Kuril 6	Lopthoena 28	Mistel 45	Namensgebung 64
Kult 55	Lori 35	Mistkäfer 40	Nanna 21
Kundalini 64	Loricus 6	Mittelpfeiler => Yggdrasil	Nauma (Hel) 35
Kwasir 20	Löwe 43		Nar 32
Kyrmir 6	Löwenmäulchen 45	Mittsommer 54	Narfi 6

Nari Loki-Sohn 19	Nyi 32	Priester 60	Ringkampf 55
Nati 6	Nyr 32	Priesterin 58	Rist 31
Naudir 36	Nyrad 32	Prolog (Edda) 77	Robbe 44
Nebel 64	**Oddrun** 31	Prophezeiung 71	Rögnir 7
Nefia 35	Odin 13/14	Pukis 36	Rose 45
Nehalennia 29	Odr 20	**Rabe** 40	Röskva 37
Neri 30	Ofoti 5	Rad 67	rot 46
Neris Schwester 30	Öflugbarda 35	Radgrid 31	rota 31
Nerthus 28	Öflugbardi 6	Radvör 35	Rotkehlchen 40
Nepr 20	Ogautan 39	Ragnar Lodenhose 39	Rücken 63
Nessel 45	Ogladnir 6	Ragnarök 55	Rud 35
Netz 67	Ogn 35	Ran 27	Rudent 6
Neuentstehung aus den Knochen 55	Ohr 63	Randalin 31	Rudi 34
	Oin 7	Randgnid 31	Runa 35
neun Heimdall-Mütter 35	Olius 32	Randgrid 31	Runen 72
	Ölwaldi 5	Rangbeinn 5	Runenkästchen von Auzon => Kiste
neun Schwestern 35	Omen 71	Rasereitrank 70	
Niblung 7	Onarr 48	Raswid 32	Runenstein 64
Niblung 39	Öndudr 6	Rätsel 76	Runenstein von Ardre 64
Nicor 34	Onn 32	Raud 34	
Nid 64	Opfer 64	Raugnir 34	Rußland-Riese 6
Nidi 32	Orakel 71	Raum 6	Rütze 35
Nidr 28	Oregano 45	Reck 32	Rygi 35
Nidud 16	Ori 32	Regenbogenbrücke 49	**Saemdill** 6
Nieswurz 45	Örnir 6		Saga 28
Niflheim => Eis 52	Ortnit 34	Regin 7	Sährimnir 42
Niping 32	Ösgrui 5	Reginleif 31	Säkarsmuli 6
Nirdir 10	Öskrudr 34	Reiher 40	Salbei 45
Niola 48	Ostara 29	Rentier 42	Salfangr 6
Njola 48	Osten 54	Riesen auf der West-Insel 6	Sam 34
Njörd 10	Otr 32		Sämingr 39
Njörun 29	Otter 44	Riesen-Baumeister 6	Sanngrid 31
Nölvi 10	Otunfaxe 39	Riesen von Feldkirchen 34	Sati 51
Norden 54	**Penis** 55		Säule => Weltenbaum 52
Nordosten 54	Perchta 28	Riesen von Lichtenberg 35	
Nordri 32	persönliches Glück 64		Saxnot 20
Nordwesten 54	Pfeil 66	Rifingalfa 35	Sceaf 20
Nori 32	Pferd 42	Rifingöflu 35	Schachtelhalm 45
Nornen 30	Pferdezwillinge 12	Rigingöflu 35	Schädelschale 63
Norr 34	Pflug 67	Rind 42	Schadenszauber 64
Norr 48	Phol 9	Rindr 20	Schaf 42
Nott 48	Polygamie 55	Ring 57	Schafgarbe 45

Schaumkraut 45
Schierling 45
Schild 66
Schlafdorn 55
Schlangen 41
Schlangenauge 63
Schlangengrube 49
Schlangenzunge 63
Schleifstein =>
Wetzstein
Schmetterling 40
Schmied 4
Schmied 55
Schnecke 44
Schneeweiß-
Goldschöne 28
Schuh 63
Schutzgeist =>
Fylgja/Hamingja
Schutzzauber 64
Schwalbe 40
Schwan 40
Schwanenkleider der
Walküren 40
Schweden-Riese 6
Schwein 42
Schwert 66
Schwitzhütte 64
sechsköpfiger Riese 6
Seehund 44
Seekuh 44
Seelenvogel 40
Seelenvogel 50
Segen 68
Seher 60
Seherin 58
Seidelbast 45
Seidr 64
Sel 6
seltsamer dritter
Bruder 55
Sense 67

Siar 32
Sichel => Sense
sieben Schwestern 28
Siegfried 38
Sieglind 31
Siegstein 67
Sif 24
Sigdrifa 31
Sigurd 38
Sigi 39
Sigrlami 39
Sigrun 31
Sigyn 28
silbern 46
Simul 31
Sinmara 28
Sindri 32
Sinthgunt 29
Sivör 35
Sjuld 31
Skadi 20
Skafid 32
Skalden 61
Skaldatal 77
Skaldenlieder 78
Skaldinnen 61
Skalli 34
Skalmöld 31
Skadskaparmal 77
Skärir 5
Skeggiöld 31
Skidbladnir 49
Skimsli 5
Skirnir 37
Skirkjar 35
Skirwir 32
Skjalf 29
Skjalv 34
Skjellinefja 29
Skjöldr 39
Skögul 31
Sköll 43

Skorpion 40
Skrati 34
Skrymir 5
Skrimnir 5
Skuld 30
Slagfid 39
Sleggja 35
Snae 34
Snotra 29
Solbiart 5
Sohn der Freya 19
Sohn des Freyr 19
Solblindi 5
Sölfn 29
Sommer 54
Somr 5
Sonne 48
Sonnengöttin 48
Sonnenhymne 64
sonstige Magie 64
Sörli 39
Spatz 40
Specht 40
Speer 66
Sperber 40
sprechende Tiere 41
Sprichworte 74
Spindel 55
Spinnerin 55
Spiritus familiaris 36
Sprettingr 5
Stab 67
Starkad 6
Starkad 39
Stärketrank 70
Statue 57
Stein 64
Steine und Edelsteine
64
Steinigung 55
Stern 48
Sternbild 48

Sternbild 55
Stigandi 5
Storch 40
Storkvid 34
Stoverkr 34
Strahlen-Breitsame
45
Strudel 49
Struthan 34
Stumi 5
stumm 63
Süden 54
Südosten 54
Sudri 32
Südwesten 54
Surtur 6
Suttung 6
Svada 5
Svadi 5
Svaf 7
Svarangr 5
Svasudr 6
Svatr 6
Sveid 31
Sveipinfalda 35
Svidi 6
Svip 5
Svipul 31
Svivör 31
Swaf 20
Swanhild 31
Swanwit 31
Swawa 31
Swior 32
Swipdag 20
Syn 29
Syr 29
Tafl 57
Tal 52
Tamfana 29
Tarn-Kappe 67
Tarn-Umhang 67

Tasche 60	Thrungva 29	Uri 20	- in Fuchs 65
Tätowierungen 55	Thrym 6	Utgard 52	- in Geier 65
Tattoo 60	Thulur 77	Utgardloki 6	- in Habicht 65
Tau 52	Thundr 6	Ungeheur 41	- in Hecht 65
Taufe 64	Thundr 29	Utiseta 50	- in Hirsch 65
Teer 45	Thurbiörd 35	**Vagnhöftdi** 34	- in Hund 65
Telemark-Riese 5	Tiere 44	Valbrandur 5	- in Krähe 65
Telepathie 64	Tiere der Götter 44	Vali Loki-Sohn 19	- in Lachs 65
Teller 57	Tierfelle 60	Valthögn 31	- in Löwe 65
Tempel 56	Tierfelle bei Hinrichtungen 67	Vandil 5	- in Mücke 65
Teufelsabbiß 45		Vandlir 5	- in Otter 65
Thagnar 31	Tor 49	Var 29	- in Pferd 65
Theck 32	Torfa 35	Vardrun 28	- in Rabe 65
Thialfi 37	Tote wiederbeleben 64	Vardrun 35	- in Rind 65
Thiazi 5		Vardruna 35	- in Robbe 65
Thing 73	Tragestange 67	Vasad 6	- in Schlange 65
Thiodwitnir 34	Trana 35	Vatermord 55	- in Schwalbe 65
Thistilbardi 34	Traum 71	Velle 5	- in Schwan 65
Thjodrerir 7	Traumdeutung 71	Venus 48	- in Seekuh 65
Thögn 31	Traumfrau 31	Verbene 45	- in Spinne 65
Thökk 35	Trima 31	Verdandi 30	- in Tier 65
Thor 17	Trolle 36	Vervielfältigung von Körperteilen 65	- in Vogel 65
Thora 28	Trona 35		- in Wal 65
Thorgerdr Hölgabrudr 29	Tuch 57	Vergessenheitstrank 70	- in Walroß 65
	Tuisto 20		- in Widder 65
Thorin 7	Tuisto 33	Verirren auf der Hirschjagd 55	- in Wolf 65
Thorir 6	Turm 56		- in Ziege 65
Thorn 5	Tyr 3	Verr 34	- in Ziegenbock 65
Thorstein Haus-Macht 79	Tyr-Riesen 5	Verwandlung:	Vidblindi 5
	Udr 35	- einer Frau in einen Mann 65	Viddi 34
Thrain 32	Uffe 39		Vidgreipr 34
Thrasir 6	Ulfhedinn 62	- einer Frau in eine andere Frau 65	Vidgymir 5
Thrigeitir 5	Ulfrun 35		vier Riesen-Ritter 34
Thrivaldi 5	Ullr 11	- eines Mannes in eine Frau 65	vier Stier-Riesen 34
Thröng 29	Umhang => Mantel 60		viertüriges Haus 52
Thror 7		- in Adler 65	Vifflöd 29
Thror 20	Uni 20	- in Bär 65	Vignir 34
Thror 32	Unn 35	- in Drache 65	Vikarr 6
Thorri 34	Unsichtbarkeit 64	- in Eber 65	Vilja 20
Thrud 31	Unsichtbarkeits-Stein 67	- in Falke 65	Vindr 34
Thrudgelmir 5		- in Fliege 65	Vingnir 6
Thrudr 29	Urd 30	- in Floh 65	Vingrip 34

Vipar 34	Wegwarte 45	Winter 54	Zwerge 32
Vogel 40	Weig 32	Winteranfang 54	Zwerge:
Vogelsprache 64	Weihung => Segen	Wirwir 32	- im Berg 32
Volkrast 7	Weinen 55	Witr 32	- im Gebirge 32
Vör 29	weiß 46	Witwen-Selbstmord 51	- Kuttenberg 32
Vörnir 34	Weisheiten 74		- Untersberg 32
Vulkan-Riese 34	Weisheitstrank 70	Wolf 43	- Blankenburg 32
Waage 64	Weißstern 39	Wolfsfell 62	- Bonikau 32
Waberlohe 49	Weltenbaum 53	Wortschatz Magie 64	- Dardesheim 32
Wächter 49	Weltesche 53	Wohlstandszauber 64	- Eilenburg 32
Wafthrudnir 6	Wespe 40	Wucherblume 45	- Elbogen 32
Wagen 67	Westen 54	Wurzel 45	- Glaß 32
Wagnhofde 6	Westri 32	Wyrd 30	- Hohenstein 32
Wal 44	Wetter 64	**Yggdrasil** 53	- Heilingsfelsen 32
Wälder =>	Wettlauf 55	Ymir 33	- Nünberg 32
Weltenbaum 52	Wetttrinken 55	Ymis 33	- Osenberg 32
Wald-Riesin 35	Wetzstein 67	Yngvi 32	- Plesse 32
Wali 19	Wichte 36	**Zahlen** 47	- Rosenberg 32
Wali 32	Widar 19	Zähne 63	- Selbitz 32
Walküren 31	Widfinnr 5	Zauberer 59	- Sion 32
Walnuß 45	Wiedergeburt 51	Zauberin 58	Zwerg:
Walroß 44	Wiederholungen 55	Zaubersprüche 68	- Gebirge 32
Waltam 20	Wiederzeugung 51	Zeh 63	- Kyffhäuser 32
Wandteppich => Tempel	Wieland 4	Ziegen 42	- Hohenstein 32
	Wiesel 43	Zisa 29	- Dresden 32
Wanen 36	Wig 32	Zunge 63	- Hoia 32
Warkald 6	Wigrid 55	Zweikampf 73	- Lützen 32
Warr 20	Wili 20	zweiköpfige Riesen 34	- Ralligen 32
Wasser 52	Wili (Zwerg) 32		- Rantzau 32
We 20	Wind (Magie) 64	zwei Zwerge 32	- Scherfenberg 32
Weberin 55	Wind 52	Zwerg auf dem Felsen 32	- Thorgau 32
Wegdrasil 20	Windalf 32		Zwillinge 55
Wegerich 45	Windloni 6	Zwergberg zu Aachen 32	
Wegetritt 45	Windswal 6		